AF590637

PALAIS DE L'INDUSTRIE

UNION CENTRALE

DES

BEAUX-ARTS APPLIQUÉS A L'INDUSTRIE

EXPOSITION DE 1865

CATALOGUE

DES

ÉCOLES DE DESSIN

ET

SUPPLÉMENT AU CATALOGUE

DES ŒUVRES ET DES PRODUITS MODERNES

Prix : Un franc

PARIS
A LA LIBRAIRIE CENTRALE
24, boulevard des Italiens, 24

1865

CATALOGUE

DES

ÉCOLES DE DESSIN

Paris. — Typographie Walder, rue Bonaparte, 44.

PALAIS DE L'INDUSTRIE

UNION CENTRALE

DES

BEAUX-ARTS APPLIQUÉS A L'INDUSTRIE

EXPOSITION DE 1865

CATALOGUE

DES

ÉCOLES DE DESSIN

ET

SUPPLÉMENT AU CATALOGUE

DES ŒUVRES ET DES PRODUITS MODERNES

Prix : Un franc

PARIS
A LA LIBRAIRIE CENTRALE
24, boulevard des Italiens, 24

1865

Les écoles de dessin de Paris et des départements, ainsi que les classes de dessin des lycées, des colléges et écoles normales primaires ont, au nombre de deux cent trente-neuf, envoyé à l'exposition organisée par l'*Union centrale* plus de huit mille dessins, modelages et petits modèles exécutés selon la spécialité de leurs études.

Les dix-huit académies de l'Université de France sont toutes représentées, et soixante-cinq départements, y compris celui de la Seine, sont entrés dans la lice.

On peut donc dire que la France à peu près entière est là avec la majeure partie de sa jeune génération qui s'essaie dans l'art du dessin.

En outre, l'espace a été libéralement concédé aux chefs d'institutions et aux professeurs; pas un seul des mètres superficiels demandés par eux ne leur a été refusé, et il en est plusieurs qui en occupent jusqu'à quatre-vingts, cent et cent dix; de plus, une entière liberté leur a été accordée d'envoyer tout ce qu'ils jugeraient digne d'être exposé, et en tel nombre qu'ils voudraient:

1.

qualité et quantité étaient laissées à leur pleine discrétion, et chacun d'entre eux a été en réalité son propre et unique jury d'admission.

Le comité d'organisation s'applaudit d'avoir agi ainsi; car, dans cette exposition ainsi faite, les professeurs, doublement responsables et comme maîtres et comme juges, ne sont pas moins en cause que leurs élèves; les méthodes des uns et les travaux des autres se présentent indissolublement unis à l'examen du jury (1), et c'était là le plus efficace, le plus direct et peut-être le seul moyen d'atteindre le but utile que s'est proposé l'*Union centrale*, en convoquant les écoles de dessin de l'Empire au Palais des Champs-Elysées : la constatation de l'état actuel de l'enseignement du dessin en France et, s'il y a lieu, les modifications qu'il y aurait à apporter à cet enseignement.

(1) Il est de toute justice de citer ici quelques extraits de lettres de professeurs de dessin, qui montrent qu'ils ne se font pas illusion sur la valeur des travaux de leurs élèves, envoyés à l'exposition.

« Ces dessins ne sont pas nombreux, pas irréprochables; ils n'ont « peut-être qu'un seul mérite, celui de concourir par leur présence « à la grande œuvre de l'*Union centrale*, à laquelle je m'empresse « de m'associer de tout cœur, pour le but noble et grand qu'elle « s'est proposé en faisant un appel à tous et surtout aux lycées et « colléges dont les études, il faut peut-être en convenir, ne sont pas « assez grandes parce qu'elles ne sont pas assez exigées.

« L'école de dessin que je dirige, bien que annexée au collége, « n'en laisse pas moins ses cours facultatifs. Puisse M. le ministre « de l'Instruction publique rendre l'étude du dessin obligatoire, « comme dans les lycées, au moins pour les colléges de plein exer- « cice!... » (Lettre de M. Charles J. Guernier, professeur de dessin au collége de Vire, 2 juillet 1865.)

« Malgré la position inférieure que nous font entre autres choses « la pauvreté et le petit nombre de nos modèles, je crois que si « nous voulons profiter des avantages qui devront résulter du grand « mouvement qui se produit en ce moment en faveur de l'étude du « dessin, nous devons, dans la mesure de nos moyens, nous y asso-

Au jury à faire cette constatation, à formuler les conseils qu'on attend de lui (1), et à préparer le résultat final.

Au comité à faire connaître au jury et à la partie du public qui se préoccupe de cette importante matière, les excellents résultats déjà obtenus dès avant l'exposition et à propos d'elle.

A peine l'invitation du comité, accompagnée de la circulaire de Son Excellence le ministre de l'Instruction publique et de l'autorisation de M. le sénateur, préfet de la Seine (2), était-elle parvenue aux écoles de Paris et des départements, qu'une belle ardeur s'allume de tous côtés. De tous côtés, l'élève brûle de paraître au grand jour du Palais des Champs-Elysées. Il se met au travail et s'y tient avec opiniâtreté. Mais le temps manque. Le censeur, supplié, fait espérer qu'il accordera quelques heures en dehors des heures réglementaires (3). En atten-

« cier. » (Lettre de M. Schitz, directeur de l'école de dessin de Troyes.)

« ...Pour résumer, le dessin considéré comme étude accessoire, le « peu de temps que nos élèves peuvent y consacrer, les fluctuations « des élèves, l'absence de bons modèles, voilà, monsieur le Président, « les causes de l'infériorité que vous pouvez remarquer dans nos « envois... Dans notre position et par tous les motifs que je viens « d'avoir l'honneur de vous exposer, nous nous présenterons sur le « champ de bataille, nous, professeurs et élèves des lycées, en soldats « désarmés, certains d'être vaincus, mais faisant acte de présence « et de bonne volonté. » (Lettre de M. Marlet, professeur de dessin au lycée impérial de Poitiers.)

(1) « J'espère que la grande exposition de dessins que vous faites faire nous vaudra quelques bons conseils. » Lettre du frère Gabriel-Marie, professeur de dessin de l'école communale de Brioude, 10 juillet 1865.

(2) Voir pages 135 et 136 de l'*Introduction*.

(3) Lettre de M. About, professeur de dessin au lycée impérial de Colmar.

dant, l'élève, pour être en mesure, prend sur ses récréations.

Autre part, pour donner un aliment à sa bonne volonté, on s'ingénie, en l'absence absolue de modèles édités, à lui en trouver dans les vieilles œuvres d'art du pays (1).

Dans telle institution, plus abondamment pourvue et qui tient à se montrer avec honneur, on ouvre des concours entre les élèves ; on leur déclare que les dessins les mieux réussis seront seuls envoyés à Paris (2), et tous à l'envi s'efforcent de se surpasser.

Mais cette émulation n'enflamme pas seulement les élèves ; les maîtres aussi en sont aiguillonnés. « Je cède aux instances de nos professeurs, écrit M. le proviseur du lycée de Laval, et j'ai l'honneur de vous adresser, pour être exposés au Palais de l'Industrie, deux dessins de nos élèves (3). »

Voilà ce qui se passait dans les départements à la nouvelle que leurs écoles de dessin étaient invitées à

(1) « Monsieur le président, n'ayant pas de modèles à donner à « mes élèves adultes, je me suis trouvé dans la nécessité de recourir « à un vieil édifice gothique, qui m'a fourni la série de fenêtres que « j'ai l'honneur de vous adresser par ce courrier. » Lettre de M. Goullier, professeur de dessin au collége de Cosne.

(2) Lettre de M. Denniée, professeur de dessin à l'école professionnelle de Charleville.

(3) L'honorable proviseur ajoute : « J'aurais voulu vous envoyer « quelque chose de plus digne de vous ; mais nous avons été prévenus « trop tard et les élèves ont trop peu de temps à consacrer au dessin. « Puissent ils être stimulés par l'idée qu'ils pourront être appelés « une autre fois à l'honneur d'un concours aussi important ! »

prendre part à la grande exposition qui allait s'ouvrir à Paris.

L'effet produit dans la capitale a-t-il été moins bon et moins significatif? La présence au Palais de l'Industrie de cinquante-trois institutions parisiennes, lycées, colléges, écoles privées, écoles municipales et communales, cours spéciaux, écoles professionnelles, écoles des frères de la doctrine chrétienne, nous paraît être la plus claire des réponses qu'on puisse faire à cette question.

Et il ne faudrait pas croire que toutes ces écoles de Paris, pour paraître dignement parmi tant de concurrents, n'aient eu qu'à envoyer à l'exposition les travaux courants de leurs élèves. Bien des lettres encore sont sous les yeux du comité, qui lui disent à quel redoublement de travail on s'est livré dans la plupart de ces écoles. Plusieurs d'entre elles surtout, récemment ouvertes, et qui en sont encore aux essais inséparables de tout commencement, ont eu de grands efforts à faire et les ont faits courageusement. Nous parlons des écoles de dessin pour les jeunes filles, créées il y a moins d'un an par la ville de Paris, qui s'est montrée si heureusement pénétrée de cette vérité : « Les dépenses faites pour l'enseignement du dessin sont, comme celles qui s'appliquent à l'instruction populaire, essentiellement productives, et, à cet égard, l'économie serait plus ruineuse que la prodigalité (1). »

En résumé, quel que puisse être le jugement du public et du jury sur la valeur et le mérite des dessins exposés par les élèves de nos écoles, toujours est-il qu'il

(1) M. Charles-Robert, *Rappors des membres de la section française du jury international sur l'ensemble de l'Exposition universelle de 1862*, classe XXIX, section VII.

y a dès aujourd'hui un fait incontestablement acquis : c'est l'heureux mouvement produit par cette exposition, parmi la génération qui grandit en faveur de l'étude du dessin.

L'*Union centrale* n'épargnera aucun sacrifice pour entretenir et exalter encore ce mouvement.

Quant à sa direction, tâche plus difficile et plus délicate, parce qu'elle implique le choix des modèles et des méthodes, l'*Union*, prête à s'y dévouer dans toute la mesure de son action privée, espère qu'elle y sera aidée par les hommes de notoire compétence qui composent le jury et par tous ceux qui veulent une France toujours sans rivale dans les créations de l'art.

Le Président de l'Union centrale,

E. Guichard.

Le Secrétaire,

Ernest Lefébure.

AVERTISSEMENT

En parcourant le catalogue des écoles, le visiteur rencontrera, dans une foule de notices, cette mention : « *D'après les modèles lithographiés.* » On a cru devoir s'y borner, car si on avait partout indiqué par qui ces modèles sont lithographiés, le lecteur aurait vu un petit nombre de noms, toujours les mêmes, revenir sans cesse sous ses yeux. On a pensé qu'il était, non-seulement plus court, mais plus convenable de grouper ici, en une seule page et une fois pour toutes, les noms dont il s'agit.

Ce sont ceux de M. Julien, pour les études de figures ou parties de figures, et les sujets à personnages; de MM. J. Carot et A. Bilordeaux, pour l'ornement; de MM. Calame, Hubert, Jacottet et Vanderburch, pour le paysage; de M. Gengembre, pour les animaux; de MM. Ch. Labbé et Grobon frères, pour les fleurs et les fruits; de MM. Tripon, Cheneveau, J. Fouché et du frère Arcadius, pour l'architecture et la mécanique.

A l'aide de cette indication sommaire, il sera facile de suppléer aux sous-entendus du catalogue.

I

ENSEIGNEMENT ACCESSOIRE DU DESSIN D'IMITATION et DU DESSIN LINÉAIRE

(1 heure à 2 d'étude par semaine).

LYCÉES IMPÉRIAUX, COLLÉGES, ÉCOLES NORMALES PRIMAIRES

RESSORTISSANT AUX DIX-HUIT ACADÉMIES

DE

L'UNIVERSITÉ DE FRANCE.

Académie d'Aix.

1 SALLE 5. — Collége d'Aix (Bouches-du-Rhône) professeur de dessin, M. PÉRETHIER.

6 dessins d'après les modèles lithographiés.

Ont signé les élèves : Beaume, Cabasse, Giraud, Michel, Roqueplain, Valette.

2 SALLE 4. — Collége de Digne (Basses-Alpes), professeur de dessin, M. AILHAUD.

9 dessins de machines.

Ont signé les élèves : Augier, Brunet, Bellon, Bougarçon, Feuchier, Trotabas.

3 SALLE 5. — Collége de Toulon (Var), professeur de dessin, M. LEMAIRE.

20 dessins au trait, figures et ornements d'après les modèles lithographiés : tigre d'après M. V. Adam.

Ont signé les élèves : Caffaréna, Crozals, Desprès, Gontier, Lablanchetai, Perrenot, Régnier, Raoulx, Rigoutier.

Académie d'Alger.

4 GALERIE, TRAVÉE 39. — Lycée impérial d'Alger, professeur de dessin, M. LIOGIER, artiste peintre, élève de l'Ecole impériale des Beaux-Arts et de Paul Delaroche.

12 dessins.

Ont signé les élèves : Romain, Bérardi, Maisonseul, Olivier, Rousseau, Baccue, Marchal, Carette.

Académie de Besançon.

5 SALLE 3. — Lycée impérial de Besançon (Doubs), professeur de dessin, M. Alex. RIALPO.

2 dessins : frise et panneau décoratif.

Ont signé les élèves : Bardot, Valluet.

6 SALLE 5. — Lycée impérial de Vesoul (Haute-Saône), professeur de dessin, M. JEANNENEY.

42 dessins d'après l'antique, figures et bustes, sujets, ornements, d'après les modèles lithographiés.

Ont signé les élèves : Chaussat, Causeret, Cariage, Cardot, Clément, Bullet, Brunot, Brauer, Braconnier, Detrie, Grandclément, Février, Lepent, Lepeur. Eugène Larché, Joffrain, Millot, Saquart, Pizard, Scey, Révillard, Thivet, Villeret, Villent.

7 SALLE 8. —Collége d'Arbois (Jura), professeur de dessin, M. V. MAIRE.

10 dessins, figures, ornements.

Ont signé les élèves : Roze, Prudhon, Charrière, Romain.

8 SALLE 5. — Collége de Gray (Haute-Saône), professeur de dessin, M. VACHE.

12 dessins d'après lithographies de Julien.

Ont signé les élèves : Bois, Halley, Jacoulet, de Mayerhoffen, Quivogne, Thiolain.

9 SALLE 7. — Collége de Lons-le-Saunier (Jura).

31 dessins : ornements, architecture, plans, machines.

Ont signé les élèves : Mignot, Morvant, Coquet, Billet, Monnier, Guyenet.

10 SALLE 5. — Collége de Salins (Jura), professeur de dessin, M. MAZERAU.

10 dessins d'après la bosse, et copies de lithographies.

Ont signé les élèves : Barbet, Bardou, Buffet, Faleoz, Mourcet.

11 SALLE 5. — Ecole normale primaire de Besançon (Doubs), dirigée par M. Demongeot; professeur de dessin, M. CLERC.

13 dessins : mosaïque, architecture, machines, topographie.

Ont signé les élèves : Bouchu, Chauchon, Courvoisier, Froideaux, Genevois, Pernel, Vauchy, Verney.

12 SALLE 5. — Ecole modèle de Montbéliard (Doubs), professeur de dessin, M. METTETAL.

2 dessins au trait : vase et ornement.

Ont signé les élèves : Mouhot, Prètre.

Académie de Bordeaux.

13 SALLE 5. — Lycée impérial d'Agen (Lot-et-Garonne).

1 dessin d'après la bosse, tête de Pâris, signé par l'élève Edouard Sauveroche.

Académie de Caen.

14 SALLE 3.—Lycée impérial de Caen (Calvados); professeur de dessin, M. GUILLARD.

3 dessins d'après figures et bustes antiques.

10 dessins d'après lithographies et gravures.

Ont signé les élèves : Corbin, Leduc, Manoury.

15 SALLE 3. — Lycée impérial du Havre (Seine-Inférieure); professeur de dessin, M. OCHARD.

3 dessins d'ornement signés de l'élève Théberge.

16 GALERIE, TRAVÉE 36.— Collége d'Avranches (Manche). Professeur de dessin, M. PIGAULT.

11 dessins : architecture, constructions, vases, machines, topographie.

Ont signé les élèves : Thébault, Bonvathier, Levesque.

17 GALERIE, TRAVÉE 54. — Collége de Dieppe (Seine-Inférieure); professeur de dessin, M. SENTIER.

17 dessins : copies des modèles lithographiés : — figures, architecture, machines.

Ont signé les élèves : Cordier, Aygolent, Langlois, Ségur, Roussel, Hébert.

18 SALLE 1. — Collége de Vire (Calvados); professeur de dessin, M. GUERNIER, artiste peintre, élève de l'école impériale des Beaux-Arts et de Paul Delaroche.

9 dessins : bosses, têtes, ornements.

Ont signé les élèves : de Courson, Beslon, Cornu, Gauthier, Duchêne, Paupion.

19 GALERIE, TRAVÉE 60. — Ecole normale primaire de Caen (Calvados), dirigée par M. LEMONNIER.

Cours de dessin appliquant la méthode Cavé.

Cadres contenant une série de dessins d'après Watteau et autres maîtres, signés des élèves : Beaumois, Auvray, Herambourg, Prunier, Olivier, Boury, Quendruc, Duval, Legrand.

20 GALERIE, TRAVÉE 60. — Ecole normale primaire d'Evreux (Eure), dirigée par M. SAUVAGE.

Cours de dessin appliquant la méthode Cavé.

Cadre contenant des dessins d'après les maîtres, signés des élèves Leroy, Bocquet, Houdayer, Merville, Crespeau, Tranchant, Bourdon, Deluard.

21 GALERIE, TRAVÉE 60. — Ecole normale primaire du Mans (Sarthe), dirigée par M. POIRIER.

Cours de dessin appliquant la méthode Cavé.

Cadre contenant des dessins d'après les *fac-simile* d'Alphonse Leroy, signés des élèves Simon, Tissier.

Académie de Chambéry.

22 GALERIE, TRAVÉE 54. — Lycée impérial et École préparatoire à l'enseignement supérieur des sciences et des lettres, à Chambery (Savoie), professeur de dessin, M. RABUL.

10 dessins d'ornement et 1 de machine.

A signé l'élève Pelaz.

Académie de Clermont.

23 SALLE 2. — Lycée impérial du Puy (Haute-Loire). Professeur de dessin, M. GIRAUD.

9 dessins pour dentelles et un carton de dentelles exécutées.

Ont signé les élèves : Bonfils, Meissonnier, Pascal, Sabatier.

SALLE 5. — 18 dessins d'après l'antique, et copies des modèles lithographiés ; dessins à la plume.

Ont signé les élèves : Armand Félix, Bernier, Bergounhoux, Lemoine, Pascal, Soliguai, Bérard, Michel.

24 SALLE 2. —Collége de Brives (Corrèze); professeur de dessin, M. H. NINAUD.

8 dessins : façade du collége, ornements, machines.

Ont signé les élèves : Serre, Bonnay, Herre, Chavanel.

25 SALLE 4. — Collége de Guéret (Creuse) ; professeur de dessin, M. DESJARDINS ; maître des travaux graphiques, M. SIMONNET.

14 dessins : têtes, paysages d'après modèles publiés, topographie, machines.

Ont signé les élèves : Pochaud, Descotte, Larbonneix, Micon, Brody, Raymon, Monnet.

26 GAL., TRAVÉE 59. — École normale primaire de Clermont-Ferrand, (Puy-de-Dôme), dirigée par M. CHOPINET.

Méd. 3e cl., Beaux-Arts appl., 1863, Paris.

12 dessins dont 6 de machines, lavés à l'encre de Chine, 4 cartes topographiques et 2 ponts.

Ont signé les élèves : Grégoire, Coudert, Dauzat.

27 GALERIE, TRAVÉE 37. — École normale primaire de

Guéret. (Creuze), dirigée par M. Dumont; professeur de dessin, M. L. François.

5 dessins à la plume, architecture, ornements, fleurs.

Ont signé les élèves : Giraud, Verrier, Hebré, Chapelon, Chamard.

28 GALERIE, TRAVÉE 61. — École normale primaire du Puy, (Haute-Loire), dirigée par M. Petit.

2 cartes du département de la Haute-Loire, et façade du musée Crozatier.

Ont signé les élèves-maîtres : Henry, Mirial, Dubois.

29 GALERIE, TRAVÉE 57. — École normale primaire de Tulle, (Corrèze), dirigée par M. Larunerie.

5 dessins, architecture et pièces mécaniques.

Ont signé les élèves : Boisserie, Estrade, Panet, Cheyroux, Bourdu, Labrande.

Académie de Dijon.

30 SALLE 3. — Lycée impérial de Chaumont (Haute-Marne), professeur de dessin, M. Hector Guiot; maître des travaux graphiques, M. Moncin.

24 dessins dont 4 de figures d'après les modèles lithographiés; et 20 d'architecture, de géométrie, de lever de plans et de machines.

Ont signé les élèves : Cournot, Verrat, Cousin, Contault, Jacquin, Tresfort, Frampas, Guilhaumot, Perrot, Simon.

31 SALLE 2. — Lycée impérial de Sens (Yonne).

2 dessins, dont 1 d'après la bosse, par l'élève Dufflot, et 1 de machine, par l'élève Charpentier.

32 SALLE 1. — Lycée impérial de Troyes (Aube), professeur de dessin, M. Leclerc.

3 dessins d'ornement.

Ont signé les élèves : Defrance, Marelle, Huguier.

33 SALLE 1. — Collége d'Avallon (Yonne), professeur de dessin, M. SCHNEIT.

3 académies.

Ont signé les élèves : Philipot, Julien.

34 SALLE 1. — Collége de Bar-sur-Aube (Aube).

2 dessins d'architecture gothique.

Ont signé les élèves : Eug. Heuret et Matrion.

35 SALLE 1. — Collége de Cosne (Nièvre), professeur de dessin, M. A. GOULLIER.

1 dessin : fenêtre de l'église Saint-Jacques de Cosne.

1 dessin de poulie et 7 dessins linéaires.

Ont signé les élèves : Delapierre, Chambon, Delorme.

SALLE 2. — 5 dessins d'après les fenêtres de l'église Notre-Dame de Galles, à Cosne.

A signé l'élève Delapierre.

36 SALLE 1. — Collége de Langres (Haute-Marne); professeur de dessin, M. ALIZARD.

5 dessins de figures; 2 d'ornement; 2 d'architecture; 4 de machines.

Ont signé les élèves : Barbier, Carbillet, Forterre, Gazelot, Martin, R. de Saint-Maurice, Ronot, Varney.

37 GALERIE, TRAVÉE 56. — École normale primaire d'Auxerre (Yonne) dirigée par M. DORLHAC DE BORNE; professeur de dessin, M. MOREAU.

4 dessins d'architecture, plan et élévation de l'École.

Ont signé les élèves : Miégeville, Boisseau, Roy, Lessiau.

38 GALERIE, TRAVÉE 54. — École normale primaire de la

Haute-Marne (Chaumont), dirigée par M. Lalain; professeur de dessin, M. Chaumont.

6 dessins représentant la façade du bâtiment de l'École.

Ont signé les élèves : Parisel, Gillot, Mugnier, Plubel, Durand, Guillemin.

Académie de Douai.

39 GALERIE, TRAVÉE 54. — Lycée impérial d'Amiens (Somme). Professeur de dessin : M. Ch. Grauk.

39 dessins de tête, au trait.

Ont signé les élèves : Grégoire, Warisse, Endrès, Thuillier, Desaleux, Robin, Duriez, Coquerel, Royenval, Leroy, Jonas.

40 SALLE 1. — Lycée impérial de Douai (Nord).

1 frise, signée par l'élève Koslowski.

41 SALLE 3. — Lycée impérial du Saint-Omer (Pas-de-Calais). Professeurs de dessin : MM. Lhote et Colin.

10 dessins d'après lithographies et 2 d'architecture.

Ont signé les élèves : Gossein, Alory, Bourface, Coquempot, Gerbedoen, Tastelin, Vizetelly, Vasseur.

42 SALLE 1. — Lycée impérial de Saint-Quentin (Aisne).
3 dessins : ornements, — fleurs, — architecture.
Ont signé les élèves : René Jourdain, Gallet.

43 SALLE 2. — Collége de Soissons (Aisne). Professeur de dessin : M. Laurent.

3 dessins d'après les modèles lithographiés.

Ont signé les élèves : Choron, Trousseaux.

44 SALLE 3. — Ecole normale primaire d'Amiens (Somme). Professeurs de dessin : MM. Decoulte et Gadiffet.

15 dessins d'ornement et d'architecture.

Ont signé les élèves : Cosserat, Liège, Canet, Conin, Bail, Delacroix, Delasalle, Jourdain, Liégaux, Potelle, Hédricourt, Pécourt, Vasse.

45 GALERIE, TRAVÉE 35. — École normale primaire de Douai (Nord), dirigée par M. Hilaire.

10 dessins : tête, paysages, ornements, plan, exécutés à la plume.

Ont signé les élèves : Darchez, Loridan, Moniex, Sannoy.

Académie de Grenoble.

46 SALLE 8. — Lycée impérial de Grenoble (Isère). Professeur de dessin : M. Cottave.

11 dessins : académies, sujets, ornements, d'après les modèles lithographiés.

Ont signé les élèves : Binet, Vincent, Dietz, Chatrousse, Papet, Champollion, Guérin, Cholat, Poncet.

47 SALLE 3. — Lycée impérial de Tournon (Ardèche). Professeur de dessin : M... ; maître des travaux graphiques : M. Rigaud.

1 heure 3/4 par semaine.

30 dessins, dont 20 d'ornement et 10 lavis d'architecture.

Ont signé les élèves : Lalande, Bonneton, Cornu, Cholvy, Lacroix, Françon, Malens, Labaume, Michelon, Courbis, Tranchier, Franklin (Jean).

48 GALERIE, TRAVÉE 39. — Collége de Bourgoin (Isère). Professeur de dessin : M. Payet.

13 dessins : figures, ornements, fleurs.

Ont signé les élèves ; Lardet, Nème, Bonnet, Anatole Duboys, Martin, Jacquemin, Constant Duboys, Razon, Bourdillon, Milliat.

49 SALLE 2. — Collége de Romans (Drôme). Professeur de dessin, M. J. ZIERT.

2 dessins, frises décoratives.

Ont signé les élèves : Magnard, Rochat.

Académie de Lyon.

50 SALLE 2. — Lycée impérial de Mâcon (Saône-et-Loire). Professeur de dessin : M. E. CHAMBELLAN.

45 dessins : bustes et figures au trait ou légèrement ombrés; — géométrie élémentaire, machines, instruments de physique.

Ont signé les élèves : Rotival, Loupart, Renaud, Parizot, Chatelet, Lamy, Herbet, Chalandon, Prost, Guichard, Deshaintre, Poupart, Morin, Fischer, Thibaudet, Grosbon, Grandjean, Terrel.

51 SALLE 1. — Collége de Chalon-sur-Saône (Saône-et-Loire). Professeur de dessin : M. SORET.

30 dessins, d'après la bosse, lithographies de Julien, — antiques dessinés au trait, — ornements.

Ont signé les élèves : Leconte, Vernillet, Jeannin, Langeron, Dubois, Navarre, Barbier, Monnier, Derain.

52 SALLE 2. — Collége de Louhans (Saône-et-Loire). Professeur de dessin : M. MACHERA.

17 dessins : figures, sujets, paysages, architecture, au crayon ou lavés à l'encre de chine ou à la sépia.

Ont signé les élèves : Grignon, Marius Alix, Grellet, E. Gelot.

SALLE 3. — 1 dessin : Joseph expliquant le songe de ses frères, d'après Raphaël.

A signé l'élève Emile Gelot.

53 GALERIE, TRAVÉE 59. — Ecole normale primaire de Villefranche (Rhône), dirigée par M. MAJOREL.

10 dessins dont 7 d'architecture, lavés à l'encre de Chine, deux plans topographiques, 1 dessin d'arbres fruitiers.

Ont signé les élèves : Prost, Chervin, Fontary, Blain, Chermette.

Académie de Montpellier.

54 SALLE 5. — Lycée impérial de Montpellier (Hérault); professeur de dessin, M VALENTINI.

24 dessins au trait, figures et sujets; 4 académies; 3 dessins d'après bustes antiques; 4 dessins de locomotives.

Ont signé les élèves : Arlot, Alazard, de Comeiras, Chatal, Coste, Cousin, Antoine, David, Drouillon, Brennier, Delmas, Cabanis, Damico, Filippini, de Fontenille, Gambert, Gascheau, Guilhaumat, Infernet, Jalabert, Lagorce, Richard, Roumens, Sicard, Saaché, Terral, Vivarès.

55 GALERIE, TRAVÉE 56. — Ecole normale primaire de Montpellier, dirigée par M. JULLIAN.

24 dessins : architecture, attributs, plans, machines-outils d'après les modèles de M. Tripon.

Ont signé les élèves : Boudon, Pastre, Castel, Riez, Sabde, Legnadier.

Académie de Nancy.

56 SALLE 3. — Lycée impérial de Metz (Moselle); professeur de dessin, M. MIGETTE.

12 dessins, figures, bustes, et têtes d'après le plâtre;

11 paysages, avec ou sans fabriques, d'après nature;

10 dessins d'ornements et d'architecture.

Ont signé les élèves : Bertheaume, Goussel, Bauret, Bertin, Lamorre, Clanteaux, Crucis, Sadler.

57 SALLE 3. — Lycée impérial de Nancy (Meurthe); professeurs de dessin, MM. CASSE et MÉLIN.

16 dessins d'après lithographies de Julien, d'après une gravure du Laocoon: 1 d'après Callot; 1 d'après une cheminée renaissance; 6 dessins d'architecture, de machines et de topographie.

Ont signé les élèves : Lint, Caron, Gerboin, Ch. de Lacour, Gillet, Desmaison, Chamby, Caël, Wetter, Gérard, Richard, Boyer, Husson.

58 SALLE 1. — Collége de Toul (Meurthe), professeur de dessin, M. GOBLET.

19 dessins d'après les modèles lithographiés.

Ont signé les élèves : Quinot, Liebgott, Vincent, Loppinet, Serrière, Mangeot, Evrard, André Michel, Ravoux, Thiébault, Husson, Richard, Claude.

Académie de Paris.

59 SALLE 5. — Lycée impérial Bonaparte, à Paris (Seine); professeurs de dessin, MM. DEBRIGES et COUGNY.

10 dessins d'après la bosse, et copies de lithographies.

Ont signé les élèves : Langlois, Penaud, Schmidt, Rousset, Broceli, Douat, Fournier, Coquet, Trégain.

SALLE 6. — 34 dessins d'ornements, d'architecture et de machines.

Ont signé les élèves : Bordet, Mouchelet, Potrou, Lefuente, Penaud, Salomon, Schmidt, Soubiran, de Carrère.

60 SALLE 5. — Lycée impérial Louis-le-Grand, à Paris (Seine).

39 dessins dont 1 d'après buste antique, 3 têtes d'après nature, le reste architecture et géométrie.

Ont signé les élèves : Hérault, Champigny, Dincan, Lenoir, Rozier, Rivoiron, Vignex, Négin, Husson, Noury, Nengy, Dusoy, Lanil, Rouyer-Dupont, Schlessinger, Dupuis.

61 SALLE 5. — Lycée impérial de Bourges (Cher) ; professeur de dessin, M. CHARMEIL.

30 dessins d'après lithographies de Julien et autres.

Ont signé les élèves : Malen, Valory, Guillot, Desjobert, Clerault, Demousseaux, Patenostre, Camus, Deguingand, Hidieu, Balland, Bailly, Mermet, Ghika.

62 GALERIE, TRAVÉE 38. — Lycée impérial de Vendôme (Loir-et-Cher).

7 dessins : figures, architecture.

Ont signé les élèves : Ansalon, Bergeot, Duchampt.

63 GALERIE, TRAVÉE 62.— Lycée impérial de Versailles (Seine-et-Oise) ; professeur de dessin, M. Eug. CHARPENTIER.

14 dessins : figures, architecture, machines.

Ont signé les élèves : Lainé, Dillaye, Delaunay, Julien, Lenoir, Darzent, Marchal, Biagioni, Machepy, Prévoteau.

64 SALLE 2. — Collége de Clermont (Oise) ; professeur de dessin, M. FOLLEZ.

21 dessins d'après les modèles lithographiés : ornements, architecture, locomotive.

Ont signé les élèves : Peluche, Reculet, Clomidor, Duhannel, Roussel, Améraux, Lemaire.

SALLE 8. — 1 dessin linéaire de machine locomotive, signé de l'élève G. Doré.

65 GALERIE, TRAVÉE 57. — Collége Louis-Napoléon de Compiègne (Oise); professeurs de dessin, MM. Weiss, Deligny, Berthelemy.

13 dessins dont 4 d'après modèles lithographiés par Julien, 2 d'ornements, 5 d'architecture, 1 de mosaïque.

Ont signé les élèves : Choisy, Richy, Juar, Veillez, Morel.

66 SALLE 2. — Collége d'Epernay (Marne).

18 dessins : têtes, sujets, ornements.

Ont signé les élèves : L. Renault, Peudefer, Lavy, Delionnet, J. Michel, Jacquet, Moutardier, Séverin, Deullin.

67 SALLE 6. — Collége de Melun (Seine-et-Marne). École professionnelle départementale annexée au collége de Melun; préparation spéciale à l'École impériale des arts et manufactures de Paris.

72 dessins dont 24 d'après lithographies publiées : — 23 d'architecture; — 7 de mosaïque; — 20 de machines.

Ont signé les élèves : Rivière, Budin, Dumée, Beauchais, Lion, Legrand, Berthier, Gillet, Ferrand, Pellet, Crépeaux, Merle, Wagner, Marmion, Bouvrain, Bourcier, Glandin, Terré, Thibaudet, Orive, Tourneur, Trépeau, Touchet, Sachot, Boucreux.

68 SALLE 5. — Collége de Nogent-le-Rotrou (Eure-et-Loire); professeur de dessin, M. J. Mayer.

4 dessins : cavalier, d'après C. Vernet; machines, grille, d'après J. Fouché.

Ont signé les élèves : L'Heureux, Boutry.

69 SALLE 8. — Collége Rollin, à Paris.

1 dessin, portement de croix d'après Lesueur, par l'élève G. Moreau.

70 GALERIE, TRAVÉE 57. — École normale primaire de Blois (Loir-et-Cher), dirigée par M. Badaire.

2 dessins à la plume, l'un du Château d'Eu, l'autre du Château de Chambord, signés des élèves Beaugendre et Amiot.

71 GALERIE, TRAVÉE 54. — École normale primaire de Bourges (Cher), dirigée par M. Rottier.

4 dessins : architecture, machines, topographie.

Ont signé les élèves : Moulon, Perrot.

Académie de Poitiers.

72 SALLE 3. — Lycée impérial de Limoges (Haute-Vienne); professeurs, MM. Ferdoux et Gouténègre.

9 dessins d'ornement; — 1 dessin d'aiguière.

1 lever de plan; — 1 dessin d'architecture; — 1 dessin de locomotive.

Ont signé les élèves : Boudin, Burguet, Cabirol, Colombier, Maurice, Guilhaumaud, Lemaistre, Léger, Lavelle, Veyrier.

73 SALLE 2. — Lycée impérial de Napoléon-Vendée (Vendée) ; professeur de dessin, M. Sartory; maître des travaux géographiques, M. Th. Petit.

25 dessins : copies de figures et de sujets; — architecture, géométrie élémentaire, machines, topographie, géographie.

Ont signé les élèves : Boisson, Baud, Papon, Morineau, Espitallier, Heffner, Perroteau, Ordonneau, Boyer, Lesueur, Merlet, Lacroix, Cranier, Perrocheau, Crochet, Novel.

74 GALERIE, TRAVÉE 39. — Lycée impérial de Niort (Deux-Sèvres).

6 dessins : ornement, trophée de chasse, architecture.

Ont signé les élèves : Lamberthon, Richard, Bossuet, Villeneuve, Nault.

75 SALLE 5. — Lycée impérial de Poitiers (Vienne); professeur de dessin, M. MARLET.

3 dessins d'ornement, 1 d'architecture.

Ont signé les élèves : Gayon, de Faucher.

76 SALLE 3. — Lycée impérial de Tours (Indre-et-Loire); professeur de dessin, M. CHOISNARD.

27 dessins d'après lithographies, architecture et machines.

Ont signé les élèves : Barre, Arrault, Attwood, Briffault, Brachet, Berthelot, Carre, Bruson, Gonthier, Grosset, Herpin, Grujon, Laroque, Martin, Ménard, Michon.

77 SALLE 4. — Collége de La Rochefoucauld (Charente); professeur de dessin, M. FERMOND.

14 dessins, dont 3 de têtes, 2 d'ornement et 9 de paysages à la mine de plomb.

Ont signé les élèves : Apiau, Duboys-Lavigerie, Delorière, Frédureux, Manceau, Mathieu, Robichon, Tengaud.

78 SALLE 4. — Collége de Rochefort (Charente-Inférieure); professeur de dessin, M. GARNIER.

7 dessins : sujets, têtes, marine, architecture, machines.

Ont signé les élèves : Sages, Bardet, Gruel-Villeneuve, Ern. Laurent.

79 GALERIE, TRAVÉE 57. — École normale primaire de Lagord (Charente-Inférieure).

1 dessin d'architecture, par l'élève maître Métivier.

80 GALERIE, TRAVÉE 55. — École normale primaire de Napoléon-Vendée, dirigée par M. VERRIE LEMERCIER.

8 dessins, architecture, ornements, fleurs, machines.

Ont signé les élèves : Auger, Garnier, Dreneau, Millet, Plaire.

81 GALERIE, TRAVÉE 60. — École normale primaire de Poitiers (Vienne), dirigée par M. LEBRUN; professeur de dessin, M. AYAT.

7 dessins à la plume, paysages, architecture, machines, zoologie.

Ont signé les élèves-maîtres : Moissard, Laidet, Gibault, Boucherie, Nandeau, Prouzat.

Académie de Rennes.

82 SALLE 8. — Lycée impérial de Laval (Mayenne); professeur de dessin, M. FERRET.

1 dessin, topographie, par l'élève Navlet.

83 SALLE 3. — Lycée impérial de Nantes, (Loire-Inférieure); professeur de dessin, M. CHAZERAIN.

8 dessins, dont 5 bustes et têtes d'après l'antique, et 3 figures d'après l'un des *Esclaves* de Michel-Ange, du musée du Louvre.

Ont signé les élèves : L. Vallentin, Angrand, Machaud, Vidal.

84 SALLE 2. — Lycée impérial de Saint-Brieuc (Côtes-du-Nord); professeur de dessin, M. AUGIN.

20 dessins : mains, têtes, ornements, cartes de géographie, mécanique.

Ont signé les élèves : Perrat, Gilbert, Lenormand, Belhomet, Gégon, Lecoz, Vézu, Adam, Brochen, E. Henry, Quesseveur, Guyot.

85 SALLE 1. — Collége de Saint-Servan (Ille-et-Vilaine); professeur de dessin, M. LORETTE.

2 panneaux décoratifs, signés des élèves : Léon Plateau et François Plateau.

86 SALLE 6. — Collége de Saumur (Maine-et-Loir).

5 dessins, dont 3 paysages et 2 machines.

Ont signé les élèves : Vaucel, Girard, Florisson, Roy.

87 SALLE 8. — École primaire supérieure de Guingamp (Côtes-du-Nord).

8 dessins d'architecture, à l'encre de Chine, datés de 1855 à 1863.

Ont signé les élèves : F. Le Bail, J. Sornet, Millon.

88 GALERIE, TRAVÉE 57. — École normale primaire de Rennes (Ille-et-Vilaine), dirigée par M. CAMPION; professeur de dessin, M. BRUNOZ.

11 dessins : Vierge au Silence, — plan de l'École, — machines agricoles.

Ont signé les élèves : Paris, Hamon, Kmarrec, Lefloch, Etasse, Lecoq, Coudray, Kvarec, Renaud.

Académie de Strasbourg.

89 SALLE 5. — Lycée impérial de Colmar (Haut-Rhin). Professeur de dessin : M. J. ABOUT.

9 dessins, copies de lithographies.

Ont signé les élèves : Ackermann, Binder, Birchel, Bournique, Bitterlin, Striffling, Gérard.

90 SALLE 5. — Lycée impérial de Strasbourg (Bas-Rhin). Professeur de dessin : M. PERRIN.

7 dessins d'architecture, 3 de machines.

Ont signé les élèves : Bletscher, Dournay, Hergott, Romary, Wagner, Vedeaux.

91 SALLE 5. — Collége de Haguenau (Bas-Rhin). Professeur de dessin : M. SCHMID.

6 dessins, d'après lithographies de Julien : buste, ornements, machines.

Ont signé les élèves : Appert, Apprill, Barroinol, Collin, Stoll.

92 SALLE 1. — Collége de Wissembourg (Bas-Rhin). Professeur de dessin : M. CHLEYER.

12 dessins : tête, ornements, paysages, machines.

Ont signé les élèves : Zahn, Bonneau, Ernst, Ebener.

Académie de Toulouse.

93 SALLE 2. — Lycée impérial d'Auch (Gers).

Méd. 2e cl., Beaux-Arts appl., 1863, Paris.

8 dessins d'après Géricault, H. Vernet, lithographiés par Julien.

Ont signé les élèves : Grabias, Sabail, Dupuis.

94 SALLE 2. — Lycée impérial de Tarbes (Hautes-Pyrénées). Professeur de dessin : M. LATASTE.

31 dessins de têtes, au trait ou ombrés, d'après l'antique et les modèles lithographiés.

Ont signé les élèves : Ducuing, Campagnole, Rivière, Molonguet, Guichot, Laffite, Darmau, Fulcrand, Nogués, De Salabert, Sevez, Laurent, Ader, Ségur, Planté.

95 SALLE 2. Collége et École professionnelle de Castres (Tarn), Professeur de dessin : M. C. VALETTE.

15 dessins d'après lithographies de Carle Vernet, V. Adam et autres; copies à la plume d'eaux-fortes de Rembrandt.

Ont signé les élèves : Barthe, Rouanet, Bose, Oller, Jules Valette, Fosse, Armengol, Cavayon, Calas.

96 GALERIE, TRAVÉE 35. — Collége de Revel (Haute-Garonne). Professeur de dessin : M. BERNADON.

1 dessin d'après la bosse : tête de Vitellius, fusain.

A signé l'élève Roumegous.

97 GALERIE, TRAVÉE 37. — École normale primaire de Foix (Ariège), dirigée par M. MARTZ. Professeur de dessin : M. FORTEL.

1 plan du bâtiment de l'école, par l'élève-maître, Surry.

98 GALERIE, TRAVÉE 34. — École normale primaire de Toulouse (Haute-Garonne), dirigée par M. BLAIGNAU.

4 dessins d'architecture, sans signatures d'élèves.

II

(1 à 2 heures d'étude par semaine).

INSTITUTIONS LAÏQUES PRIVÉES, PENSIONNATS ETE XTERNATS.

99 GALERIE, TRAVÉE 38. — Pensionnat Labourasse, à Bar-le-Duc (Meuse).

15 dessins, d'après modèles lithographiés, et copies d'architecture et de machines.

Ont signé les élèves : François, Ch. Henry, Wladimir, Vatrin, Clément.

100 GALERIE, TRAVÉE 58. — Institution Colbert, dirigée par M. Monnier, à Blois (Loir-et-Cher). Professeur de dessin : M. Desse.

32 dessins, dont 14 sujets et figures d'après les modèles lithographiés; aquarelles d'après Couture et autres; 18 copies de machine et bâtiments d'après les modèles de M. Stanislas Petit.

Ont signé les élèves : Thireau, Corbin, Mireaux, Legendre, Binbinet, Plessis, Chotin, Grossejambe, Thonray, Jacquet, Herbement, Chourdier, Poulain, Vérité.

101 GALERIE, TRAVÉE 38. — Ecole et pensionnat de Bonneval (Eure-et-Loir), dirigés par M. Bigot.

18 dessins, paysages, animaux, architecture et machines, d'après les modèles de MM. Allard, Stanislas Petit et Victor Petit.

Ont signé les élèves : Debeaune, Aubry, Gérondeau, Pirard, Bichette.

102 GALERIE, TRAVÉE 42.— Pensionnat Debuyser, au Cateau (Nord).

14 dessins et 5 albums : portraits au crayon noir, copies d'après les modèles lithographiés, lavis d'architecture et de machines.

Ont signé les élèves : Dubois, Cloëz, Dupez, Soufflot, Herbet.

103 GALERIE, TRAVÉE 39. — Pension Lacoste aîné à Limoges (Haute-Vienne) ; professeur de dessin, M. Tabaraud.

3 dessins, paysages et architecture.

Ont signé les élèves : Arnaud, Clement, Cochinard.

104 GALERIE, TRAVÉE 39. — Institution Orliagnet, à Limoges ; professeur de dessin, M. Tabaraud.

1 dessin d'architecture, signé par l'élève Poutet.

105 SALLE 8. — Institution de Mlle Guge, à Lons-le-Saunier (Jura) ; professeur de dessin, M. Ach. Billot.

6 dessins de têtes, signés de Mlle Nancy Geillon.

106 GALERIE, TRAVÉE 38. — Institution Pelletier à Nanteau-sur-Lunain (Seine-et-Marne).

3 copies de machines, lavées d'après les modèles publiés ; 1 dessin de lampe.

A signé l'élève Cochin.

107 GALERIE, TRAVÉE 35. — Institution Bion, à Orléans (Loiret).

6 dessins d'après des lithohraphies coloriées, et 1 lavis d'architecture (copie).

Ont signé les élèves : Farcy, Penot, Sechard, Juranville.

108 GALERIE, TRAVÉE 37. — Institution BÉCHET, à Paris, Grande-Rue de Batignolles, 34 ; professeur de dessin, M. RAGUET.

1 étude grandie d'après lithographie de Julien.

A signé l'élève Barbillon.

109 GALERIE, TRAVÉE 37. — Institution BERCHOUD, rue de Nanterre, à Asnières (Seine) ; professeur de dessin, M. RAGUET.

3 dessins, figure, architecture, locomotive.

Ont signé les élèves : Pradeau, Ward, Lebrou.

110 SALLE 6. — Institution BUREAU, rue de Calais, 11, Paris-Belleville.

15 dessins d'après lithographies, cartes géographiques.

Ont signé les élèves : Marcot, Giron, Lemonnier, Blancheteau.

111 GALERIE, TRAVEE 37. — Institution DELLOVE, à Paris, rue Neuve-Saint-Eustache, 32; professeur de dessin, M. RAGUET.

1 frise, 1 chapiteau, d'après Carot, études grandie.

Ont signé les élèves : Lechevalier et Delaporte.

112 GALERIE, TRAVÉE 37. — Institution JEANNIN, à Paris, rue de Valois, 21, Palais-Royal ; professeur de dessin, M. RAGUET.

1 dessin d'après Liénard, 1 chapiteau, études grandies.

Ont signé les élèves : Eug. Besançon et Ant. Borel.

113 GALERIE, TRAVÉE 37.— Institution NOELLET, à Paris, rue Popincourt, 62; professeur de dessin, M. RAGUET.

2 dessins, cariatide et architrave, études grandies.

Ont signé les élèves : Dattez, Maret.

114 GALERIE, TRAVEE 43. — Ecole polonaise de Batignolles, à Paris; professeur de dessin, M. STÉPINSKI.

50 dessins : copies de têtes au fusain, copies de tableaux à l'aquarelle, lavis de machines d'après les modèles de MM. Fouché et Petit.

Ont signé les élèves : Kawieck, Medynski, Plauszewski, Godurowski, Chaborski, Schotonewski, Kandratowicz, Srockowski.

III

ENSEIGNEMENT SPÉCIAL DU DESSIN GRAPHIQUE

(6 à 9 heures d'étude par semaine).

INSTITUTIONS LAÏQUES PRIVÉES

ÉCOLES PROFESSIONNELLES ET PRÉPARATOIRES

115 SALLE 2. — École professionnelle d'Aix, dirigée par M. DOMBRE.

Méd. 1re cl., Beaux-Arts appl., 1863, Paris.

1re *Année*. 39 dessins de géométrie élémentaire, organes de machines, charpentes, architecture, ornements, topographie; — études d'yeux, de nez, de bouches, d'oreilles, de têtes.

Ont signé les élèves : Treuschel, Coste, Gounin, Bapelle, Judice, Bourgue, Catinot, Boyer, Poisy, Andrieux, Aubanel, Founinger, Gimenez, Cabasse.

2e *Année*. 58 dessins de géométrie descriptive, de cinématique, topographie; — mains, pieds, torses, figures.

Ont signé les élèves : Habier, Clément, Ferrand, Marthe, Gimenez, Pellet, Matheron, Delon, Neveux, Rabier, Vimal, Ménard, Dalmas, Mejean, Chabrol, Pradel, Chapelle, Dumas, Daniel, Pepe, Mourgard, Martin, Pecheyran, Séné, Tivoillier, Purpan, Bourdat, Hyacinthe.

3e *Année*. 50 dessins de géométrie analytique, perspective, coupe de pierres, topographie, machines-outils, machines à vapeur au trait ou au lavis.

Ont signé les élèves : Barbarroux, Fabre, Lavison (Émile), Manuel Séné, Catinot, Bouniols, Poisy, Durel, Livon, Paco-Campoflorido, Almendary, Paco-Malaga, Ballar, Ernest Salles, Giraud.

116 SALLE 2. — École préparatoire et professionnelle dirigée par M. Gosserez, à Châlons-sur-Marne; professeur de dessin, M. Lacoste.

15 dessins, ornements et architecture.

Ont signé les élèves : Thiébault, Briquet, Denis, Bigot.

117 GALERIE, TRAVÉES 41 et 42. — Institution Rossat, École professionnelle de Charleville (Ardennes), professeur de dessin, M. Blanchard; maître des travaux graphiques, M. Denniée, ingénieur.

Méd. 2e cl., Beaux-Arts appl., 1863, Paris.

56 dessins : têtes, pieds, ornements, ronde bosse et bas-reliefs, machines dessinées d'après nature dans les ateliers, épures de charpentes et de coupe de pierre, croquis d'après nature; lavis d'après les modèles de M. Fouché.

Ont signé les élèves : De Labobe, Desquilbet, Collière, Thomé, Cunin, Berthonnière, Anciaux, Margothin, Leroy, Mernier, Petit, Croisier, Maljean.

118 SALLE 2. — École professionnelle, pensionnat d'Ivry-sur-Seine, fondés par M. Pompée.

(4 heures de leçon par semaine.)

77 dessins, dont 11 figures, têtes, bas-reliefs; 37 ornements, 12 architecture, 14 machines.

Ont signé les élèves : Benoist, Brizard, Forcinal, Grenoble, Legret, Rivoir, Deleporte, Sauvestre, Boulenger, Stingre, Gruyer, Deleporte, Millot.

119 SALLE 3. — Institution Fleury, à Lagny (Seine-et-Marne), Préparation à l'Ecole centrale, aux Écoles des arts et métiers.

Méd. 2e cl., Beaux-Arts appl., 1863, Paris.

100 dessins. Une moitié, têtes d'après la bosse, ornements, sujets, d'après Julien et Carot, fleurs, compositions, architecture. L'autre moitié, géométrie descriptive, perspective, tracé des ombres, levé des plans, machines.

Ont signé les élèves : Lair, Lecler, Leyerot, Mauroy, Machure, Coquillard, Prévost, Warin, Garnier, Delavesnes, Brard, Wurstorne, Thiveau, Ramond, Reine Faron, Seauterey.

120 GALERIE, TRAVÉES 39 et 40. — Cours populaires de Charleville-Mezières (Ardennes), fondés par M. Rossat le 15 avril 1864.

37 dessins : têtes, pieds, d'après le plâtre et d'après les modèles lithographiés, lavis d'architecture, de machines et d'instruments.

Ont signé les élèves : Debref, Rousseau, Liégeois.

121 SALLE 2. — École professionnelle dirigée par M. Lemaire, à Moulins (Allier); professeur de dessin, M. Malankiewicz; maître des travaux graphiques, M. Dunan.

5 dessins d'après l'antique et Raphaël; vase, plan, topographie, locomotive, 1 peinture à l'huile représentant l'intérieur de la classe de dessin, à l'école professionnelle de Moulins.

122 SALLE 2. — École de la Société industrielle de Mulhouse.

Le cours de dessin est de 2 heures par jour, pendant dix mois chaque année.

33 dessins d'après l'antique et la renaissance, et d'après modèles lithographiés de Julien et V. Adam. 3 dessins de fleurs.

Ont signé les élèves : Bourcart, Lehmann, Lods, Keller, Schmitt, Jeanneret, Staub, Schoenhaupt, Gutknecht, Rhein, Clauss.

123 SALLE 2. École israélite d'arts et métiers du Haut-Rhin, à Mulhouse.

10 dessins : ornements, vases et consoles, meubles et chandeliers exécutés à la plume par l'élève Jérôme Dreyfus.

124 SALLE 6. — École commerciale fondée par la chambre de commerce de Paris; directeur du cours de dessin, M. Carrier-Belleuse ; professeur, M. Péquégnot.

Avenue Trudaine. 37.

62 dessins, figures et ornements d'après les maîtres.

Ont signé les élèves : Jeoffroy, Hubert, Bouline, Foret, Chapelle, Dubuisson, Carrier, Marteroy, Privat, Bagneaut, Rodier, Dumartin.

125 GALERIE, TRAVÉE 38. — École préparatoire, rue du Perche, 9, à Paris, dirigée par M. Martelet, professeur à l'École centrale des Arts et Manufactures ; professeur de dessin, M. J. Fouché.

35 dessins originaux, lavis et épures; études non copiées.

Ont signé les élèves : Lefebvre, Langlois, Augely, Feutrier, Hernandes, Christides, Roca, Chollet, Bompard, De Vries.

IV

ENSEIGNEMENT SPÉCIAL DU DESSIN D'IMITATION ET DU DESSIN APPLIQUÉ A L'INDUSTRIE

(6 heures en moyenne d'étude par semaine).

COURS SPÉCIAUX DE DESSIN ET DE MODELAGE PROFESSÉS DANS LES ÉCOLES LAÏQUES MUNICIPALES ET COMMUNALES DE GARÇONS

126 SALLE 2. — Ville d'Aurillac (Cantal). Ecole municipale. Cours de dessin, professeur, M. ISSARTIER.

7 dessins d'après bustes antiques.

1 copie d'un fragment de poterie ancienne.

1 portrait au fusain.

4 dessins à la plume.

Ont signé les élèves : Caldemaison, Pélissier, Alary, Férary, Therron.

127 SALLE 6. — Ville d'Auxerre (Yonne). Cours municipal gratuit de dessin pour les adultes; professeur, M. B. PASSEPONT.

90 dessins, d'après l'antique et modèles lithographiés : figures, sujets, ornements, architecture, machines.

5 peintures à l'huile.

5 morceaux de sculpture.

Ont signé les élèves dessinateurs : Martial, Dejchansart, Hergot, Niquet, Savary, Callé, Richardont, Marchand, Amat, Minart, Mathieu, Vaunois, Fourchotte, Cameau, Boivin, Martin, Retif.

Les élèves sculpteurs : Bouton, Poulet.

128 SALLE 1. — Ville de Bayonne (Basses-Pyrénées). Ecole de dessin.

1 panneau d'armoiries, signé de l'élève Ernest Lalanne, peintre de voitures.

129 SALLE 3. — Ville de Bourgoin (Isère). Ecole municipale. Cours de dessin. Professeur, M. G. Payet.

12 dessins, dont 1 buste, 2 bas-reliefs d'après l'antique, 3 figures, 2 têtes d'après nature, 4 dessins d'ornements.

Ont signé les élèves : Grobon, Guimet, Montgourdin, Genon, Guillard, Bourgurel.

130 GALERIE, TRAVÉE 39. — Ville de Castres (Tarn). Ecole communale de garçons, dirigée par M. Gros; professeur de dessin, M. Valette.

9 dessins à la plume et 1 au crayon : copies de sujets et de fleurs.

Ont signé les élèves : Gabaude, Guchot, Blates, Roissiguier, Millet, Cornac, Bategne.

131 SALLE 1. — Ville de Chalon-sur-Saône (Saône-et-Loire). Ecole gratuite de dessin, dirigée par M. Couturier.

40 dessins : architecture, plans, machines.

Ont signé les élèves : Gambey, Vacherot, Canut, Lavaillotte, Piacentini, Coutier.

132 SALLE 2. — Ville de Chaumont (Haute-Marne). Ecole communale.

1 dessin aux deux crayons, sur papier teinté, bas-relief du Parthénon.

A signé l'élève Delastre.

133 GALERIE, TRAVEE 33. — Ville de Dieppe. Ecole municipale; professeur de dessin, M. Sentier.

15 dessins : sujets, têtes, ornements, d'après plâtres et les modèles lithographiés.

Ont signé les élèves (garçons) : Ségur, Pierson; les élèves (femmes) : Eugénie Langlois, Celcours, Madeleine Fourneau.

134 GALERIE, TRAVÉE 61. — Ville de Fontainebleau (Seine-et-Marne). Ecole communale dirigée par M. Viandier.

11 dessins : architecture, machines, instruments agricoles, cartes géographiques.

Ont signé les élèves : Defoix, Fortel.

135 SALLE 2. — Ville de Gannat (Allier). Cours de dessin professé par M. A. Delamolinière, à l'école municipale.

14 dessins : vases, ornements, architecture, machines.

Ont signé les élèves : Ronchaud, Perron, Gaudon, Monnet, Lescure, Hérault, Dupoux.

136 SALLE 2. — Ville de Langres (Haute-Marne). Ecole de dessin dirigée par M. Alizard.

15 dessins : figures, ornements, architecture.

Ont signé les élèves : Pernot, Bournot, Brayer, Dufours, Changey, Frénisey, Sanrey.

137 GALERIE, TRAVÉE 55. — Ville de Mâcon (Saône-et-Loire). Cours spécial de dessin professé par M. Chambellan à l'école communale.

Méd. 3e cl., Beaux-Arts appl., 1863, Paris.

73 dessins : sibylles d'après Michel-Ange, sujets, ornements, plantes, fleurs ; — machines lavées sur les modèles de M. S. Petit.

Ont signé les élèves : Gormond, Guillemin, Ducrot, Richard, Richoux, Sire, Dory, Guyard, Chalendon, Vaillant, Janot, Pellorce, Sauce, Perrusset, Tardy, Grandjean, Roze, Bouilhet, Chatelet, Fingal, Guérin, Fortoul, Moninot.

138 GALERIE, TRAVÉE 48. — Ville de Melun. Ecole communale laïque de Melun, dirigée par M. Durécu; professeur de dessin, M. Decourbe.

21 dessins : copies de têtes d'hommes et d'animaux, d'après les modèles lithographiés, — ornements.

Ont signé les élèves : Ragan, Tellié, Déreaux, Lepoivre, Lebrun.

139 GALERIE, TRAVÉE 39. — Ville de Misy-sur-Yonne (Seine-et-Marne). Ecole communale laïque de garçons dirigée par M. Villemain.

10 dessins : plans et machines au trait.

Ont signé les élèves : Boisvieux, Pelletier, Benoît.

140 SALLE 1. — Ville de Moulins (Allier). Ecole communale de dessin dirigée par M. Barian.

11 dessins : figures, paysages, architecture.

Ont signé les élèves : Fournier, Meli, Charrot, Boutry, Grégoire.

141 GALERIE, TRAVÉE 58. — Ville d'Orléans (Loiret). Ecole communale laïque de garçons, dirigée par M. Neuveu, et pensionnat.

24 dessins : figures et chevaux d'après M. Victor Adam; architecture, locomotives.

Ont signé les élèves : Rogé, Guérin, Bruneau, Ménard, Fourré, Sagot.

142 SALLE 3. — Ville de Paris. IIIe arrondissement. Cours spécial de dessin et de modelage pour les adultes, professé par M. Eug. TROUVÉ, à l'école laïque communale dirigée par M. LEFÈVRE, rue des Tournelles, 21.

De 8 à 10 heures du soir, trois fois par semaine.

100 dessins, dont 8 d'après des bustes antiques, et le reste d'après des lithographies de Julien et autres : sujets, ornements, fleurs, feuillages.

Ont signé les élèves : Mathieu, Lauge, Garms, Gauthier, Chantrian, Courrioux, Stermieri, Defèvre, Mordu.

143 GALERIE, TRAVÉE 56. — Ville de Paris. IVe arrondissement. Cours spécial de dessin pour les adultes, professé par M. E. GABRIEL, à l'école communale laïque de garçons, dirigée par M. HENRY, rue Grenier-sur-l'Eau.

2 heures, trois fois par semaine, de 7 h. 1/2 à 9 h. 1/2 du soir.

31 dessins : figures et ornements, fusain et crayon noir.

Ont signé les élèves : Meheux, Gillet, Duvivier, Lefeuvre, Maillard, Pichon, Joly, Larchevêque, Poisson, Schulmacher, Lemaire, Lécuyer.

144 SALLE 2. — Ville de Paris. IXe arrondissement. Cours spécial de dessin et de modelage pour les adultes, professé par M. AUMONT, rue du Faubourg-Montmartre, 29.

2 heures, trois fois par semaine. 10 dessins : figures et bustes d'après la bosse (antiques). 3 dessins d'après nature, figures. 4 dessins, têtes et figures, d'après lithographies. 26 dessins, paysages, animaux. 71 dessins, vases et ornements. 43 dessins, fleurs. 30 dessins, architecture.
5 morceaux de sculpture d'ornement.

Ont signé les élèves dessinateurs : Bozier, Boullier, Borelli, Bijard, Carchereux, Christy, Casman, Gandré,

Jeandel, Lefebvre, Latouche, Laurent, Mabbouer, Vieux, Vinot, Portebois.

Les élèves modeleurs : Portebois, Borelli, Gandré, Philippe.

145 SALLE 8. — Ville de Paris. Xe arrondissement.

Cours spécial de dessin pour les adultes professé à l'Ecole laïque communale de garçons, dirigée par M. Régimbeau, rue Ferdinand-Saint-Maur, 3.

35 dessins : sujets, ornements, d'après les modèles lithographiés.

Ont signé les élèves : Dolizy, Baillet, Aubert, Espinasse, Denis, Catin, Rivière, Grisard, Gérin, Dégablais.

146 GALERIE, TRAVÉES 44, 45, 46, 47 et 48. Ville de Paris. XIIe arrondissement.

Ecole communale laïque de garçons de la rue d'Aligre, 5.

Cours de dessin professé le jour pour les jeunes garçons, le soir pour les adultes. 2 heures, trois fois par semaine.

Cours du jour, 64 dessins; cours du soir, 113 dessins.

Copies d'après les modèles lithographiés, paysages, ornements, fleurs, lavis d'architecture et de machines, d'après les modèles de MM. J. Fouché et Tripon.

Ont signé les jeunes garçons : Useldingue, Deturch, Vendenhende, Jaurand, Lehmann, Charpentier, Hiance, Roux, Lesauvage, Pignot, Spihler.

Les adultes : Denis, Fuzenot, Godry, Laroque, Béraud, Queruel, Vannier, Canot, Fougeot, Dumoulin, Govaertz, Greffe, Liausson, Bardet, Mabille, Baudement, Major, Collin, Karquet, Rode, Van-Hœsezlande, Georges, Girouty, Abeloud, Morin, Prieur, Spingler, Bilhaut, Wagener, Christophe.

147 GALERIE, TRAVÉES 52 et 53. — Ville de Paris. XVe arrondissement.

Cours spéciaux de dessin pour les adultes, professés par MM. Loire et Déchard, à l'Ecole laïque communale de garçons de Vaugirard, place de la Mairie, dirigée par M. Flamarion.

2 heures, trois fois par semaine.

Cours de M. Loire : 38 dessins d'après nature et d'après la bosse; copies des modèles lithographiés.

Ont signé les élèves : Beaufils, Poitevin, Jouanne, Mangin, Leblanc, Chahureau, Montigaud, Maupoix, Cortot, Boignard, Aube.

Cours de M. Déchard : 31 dessins d'architecture et de machines, lavés d'après les modèles de MM. S. Petit et J. Fouché.

Ont signé les élèves : Balquet, Morin, Longe, Maupoix, Barnèche, Demongodin, Blanchon.

148 GALERIE, TRAVÉE 55. — Ville de Paris. XVIe arrondissement.

Ecole communale laïque de garçons, de Passy, dirigée par M. Collot.

4 cartes géographiques, 1 dessin quadrillé.

Ont signé les élèves : Feron, Jocquet.

149 SALLE 6. — Ville de Paris. XIXe et XXe arrondissements.

Cours spéciaux de dessin et de modelage pour les adultes, professés par M. Garnier à l'École laïque communale de garçons, dirigée par M. Sole, rue de Bordeaux-Villette, 17, et à celle de la rue Levert-Belleville, 42, dirigée par M. Romain.

100 dessins d'après lithographies de Julien;—ornements, mosaïque, machines, géographie.

16 morceaux de sculptures.

Ont signé les élèves dessinateurs : Vibert, Guillon, Buzelin, Augard, Fidrit, Laplanche, Jolivet, Carpentier, Vadrot, Duval, Lecoq, Toulouse, Lautier, Triquot, Wagener, Gurand, Houppeaux, Guézard, Monti, Duchesne, Georges, Navez.

Les élèves sculpteurs : Rivière, Wagner, Dufossé, Marcuna, Longepied, Leysalle, Gossin.

150 SALLE 8. — Ville de Paris. XXe arrondissement.

École laïque communale de garçons dirigée par M. C. ROMAIN, rue Levert, 42, Belleville.

4 cartes de géographie, signées par les élèves Evrard, Hurlot, Focké, Paudra.

1 Tableau synoptique illustré de l'histoire de France, par M. C. Romain.

(Voir en outre, pour les autres travaux de cette École, l'exposition des *cours de dessin des XIXe et XXe arrondissements*, professés par M. GARNIER, n° 149.)

151 SALLE 8. — Ville de Poitiers (Vienne). École municipale gratuite de dessin, de sculpture et d'architecture, dirigée par M. HIVONNAIT.

46 dessins, dont 7 d'après la bosse, têtes et figures (antiques), mufles de lions; le reste : ornements, architecture, machines.

10 morceaux de sculpture, terres-cuites.

Ont signé les élèves : Maingault, Berthel, Lechasseux, Rodrigue, Marnay, Brunelle, Renaud, Hilleret, Sornin, Fayet, Thiot, Pagès, Coudoin, Vairan, Godu, Mergault, Paulard, Maître, Surreau, Veldert, Tranchand, Leblanc, Philippeaure, Coudoin, Montaigne, Bonnet, Pacot, Lamontagne, Broussais, de Neuville, Tireau, Prin.

152 SALLE 8. — Ville d'Orléans (Loiret). École gratuite municipale, dirigée par M. Ch. DE LANGALERIE.

Cours de dessin; professeur, M. BOUTET DE MONVEL.

13 dessins d'après la bosse et d'après les modèles lithographiés.

Ont signé les élèves : Rouet, Périne, Larcanger, Loiseleur.

Cours de dessin d'architecture; professeur M. Clouet.

6 dessins.

Ont signé les élèves : Lavrille, Transon, Larcanger, Léger.

Cours de modelage; professeur, M. Allebit, décédé.

10 bas-reliefs.

Ont signé les élèves : Perdereau, Dutertre, Terterre, Julien, Jacquet, Leduc, Fournier, Berge, Meyer.

153 SALLE 1. — Ville de Rennes (Ille-et-Vilaine). École de peinture, de sculpture et dessin; professeur M. Mussard.

6 dessins d'après la bosse; 1 académie, 3 dessins d'architecture.

Ont signé les élèves : Gallot, Duyé, Roy, Romay.

154 SALLE 2. — Ville de Strasbourg (Bas-Rhin); cours de dessin professé par M. Weissandt, aux écoles communales.

19 dessins d'après la bosse et les modèles lithographiés, — ornements, — fleurs.

Ont signé les élèves : Étienne, Cellarius, Woringer, Hobb, Straub, Weissandt (Ch.).

155 SALLE 1. — Ville de Tarare (Rhône). École de dessin industriel; professeur, M. Méniggin.

36 dessins d'après la bosse et d'après lithographies : sujets, ornements, fleurs, plans.

Ont signé les élèves : Giraudier, Chanu, Rivoire, Guillot, Villard, Grassiant, Denis, Billet, Chemitte, Merle.

3 modèles de rideaux par les élèves J. Louis et C. Duperray.

156 SALLE 2. — Ville de Tarbes (Hautes-Pyrénées). Ecole communale gratuite de dessin, dirigée par M. LATASTE.

14 dessins, têtes, figures et ornements, d'après modèles lithographiés.

Ont signé les élèves : Laloubère, Daffis, Bordes, Soupène, Pierre Colomès.

157 SALLE 1. — Ville de Toul (Meurthe). École municipale, cours industriel de dessin et de sculpture; professeur, M. GOBLET.

50 dessins, crayon et lavis, ornements, architecture, mosaïque, machines, plans.

10 morceaux de sculpture, médaillons et ornements.

Ont signé les élèves dessinateurs : Millot, Errard, Delécluse, André, Coutant, Turla, Vincent Liebgott, Marquis.

Les élèves sculpteurs : Stein, Torany, Augustin.

158 SALLE 2. — Ville de Toulon (Var). Ecole municipale, cours de dessin professé par M. LESNAISE.

8 dessins, au trait, à la sépia, à l'aquarelle, à la plume, à la mine de plomb.

Ont signé les élèves : Mallet Jolly, Luneau, Ferrand.

159 SALLE 1. — Ville de Troyes (Aube). École de dessin, dirigée par M. SCHITZ.

13 dessins d'après l'antique, l'ornement, la ferronnerie, l'architecture.

Ont signé les élèves : Grandjean, Grades, Blanpignon, Villanger, Simon, Languillat, Devreux, Courteau, Blanchard.

160 SALLE 8. — Ville de Versailles (Seine-et-Oise). École d'ornementation et d'utilité industrielle, dirigée par M. CROISSILLIOT.

34 dessins dont 19 d'ornement; le reste architecture, plans, machines.

15 morceaux de sculpture décorative en pierre, 8 en bois.

Ont signé les élèves dessinateurs : Leroux, Houpferschmitt, Merle, Chalumeau, Guy, Pounot, Dessieux.

Les élèves sculpteurs : Barbet, Leroy, Jumeau, Cavoit, Frédéric, Girardet, Amaury.

V

(6 heures en moyenne d'étude par semaine.)

ÉCOLES MUNICIPALES DE DESSIN ET COURS SPÉCIAUX SUBVENTIONNÉS PROFESSÉS A PARIS POUR LES JEUNES FILLES ET LES ADULTES (FEMMES)

161 SALLE 8. — Ville de Paris. Ier arrondissement.

Rue aux Ours, 36.

Ecole subventionnée de dessin pour les jeunes filles, dirigée par Mme MAC-NAB.

17 dessins d'après la bosse et les maîtres.

Ont signé les élèves : D. Legrand, Eckendorff, E. Goy, Félicie Loujon, Antonine Granet.

162 SALLE 2. — Ville de Paris. IIe arrondissement.

Rue Richelieu, 61.

Cours de dessin pour les jeunes personnes, dirigé par Mlle Suzanne BATAILLE.

11 dessins, têtes et ornements, crayon et sépia;

1 éventail, aquarelle; — 9 peintures sur porcelaine.

5.

Ont signé les élèves : Isabelle de Blainville, Michon, Nold, Maria Dukers, Eléonore Leveau, Isabelle Loriot.

163 SALLE 3. — Ville de Paris. IIIe arrondissement.

Rue de Volta, 37.

Cours de dessin pour les jeunes personnes, dirigé par madame E. LEVASSEUR.

Méd. 2 cl., Beaux-Arts appl., 1863, Paris.

70 dessins : bustes, vases, ornements d'après la bosse ; — plantes d'après nature ; — dessins d'après lithographies publiées.

Ont signé les élèves : Amélie Bouillon, Marie Calot, Marie Challandes, Eugénie Cornibert, Francine Ducrot, Mme Julia Deveau, Henriette Dupont, Ersham Cécile, Octavie Heymann, Amélie Hermond, Ernestine Hermond, Joséphine, Valérie Marchal, Marie Martin, Marie Malatrey, Ernestine Lariotte, Marie Nicolas, Claire Varin, Thérèse Martin.

164 SALLE 3. — Ville de Paris. IVe arrondissement.

Rue Saint-Antoine, 164, *passage Saint-Pierre*, 2.

Cours spécial de dessin pour les jeunes filles, professé par Mlle Elisa DROJAT, artiste peintre, à l'Ecole municipale supérieure, dirigée par Mme PELLEPORT.

16 dessins d'après bustes antiques, François Flamand, Raphaël ; — ornements, fleurs.

Ont signé les élèves : Anna Reinhard, Marie Génué, Marie Winter, Augustine Bercot, Emilie Delandras, Anna Schlussel, Marie Fille, Marie Girard, Louise Devaux.

165 SALLE 2. — Ville de Paris. V^{e} arrondissement.

Place de l'Estrapade, 26.

Ecole subventionnée de dessin pour les jeunes personnes, dirigée par Mlle Mathilde DUCKETT.

12 dessins au crayon, 1 pastel, 4 peintures à l'huile.

Ont signé les élèves : Alice Jérome, C. Korginect, Marie Lézée, Léontine Quain, Henriette Digeon, Sylvie Parot, Alphonsine Roux, Reichenbach Sophie, Mme Beadle, Jeanne Guy, Marie de Maurepas, Marie Grardin.

166 SALLE 1. — Ville de Paris. VIe arrondissement.

Rue Servandoni, 12.

Ecole de dessin pour les jeunes filles, dirigée par madame Cécile Donnier.

61 dessins d'après la bosse et les lithographies publiées par Julien et autres.

Ont signé les élèves : Mme Penel, Clélia Porro, Pauline et Henriette Chopin, Valérie Besson, Marie Lyantey, Marie Dedaux, Marie Delabre, Eugénie Simon, Marie Paupardin, Cécile Thorel, Jeanne Saint-Aubin, Mme Drugé, Eugénie Cazal, Pauline Marchain, Amélie Loyer, Céline Malo, Blanche Polonceau, Victorine Clergé, Alice Maury, Gabriel Grimont, Valérie Le Bastier.

167 SALLE 8. — Ville de Paris. VIIe arrondissement.

Ecole de dessin pour les jeunes filles, dirigée par Mlle Keller.

43 dessins : têtes d'hommes, têtes d'animaux, ornements, fleurs. 2 planches gravées.

Ont signé les élèves : Louise Turgard, Wilby, Marie Coquard, Caroline Coquard, Elisa Guédon, Bezançon, Caroline Helmstadt, Emélie Loemans, Durif, G. Thuret, Noel, Laumaille, Meyer, Robert, Lamoce, Véleine, Anna Machaud, Gresset, Balbreck.

168 SALLE 3. — Ville de Paris. VIIIe arrondissement.

Rue d'Anjou-Saint-Honoré, 8.

Ecole subventionnée de dessin pour les jeunes filles, dirigée par Mlle C. Amic.

12 dessins d'après bustes antiques et ornements.

Ont signé les élèves : Estelle Gobert, Victorine Lyon, Juliette Faivre.

169 SALLE 7. — Ville de Paris. IXe arrondissement.

Rue Notre-Dame-de-Lorette, 58.

Ecole municipale et spéciale de dessin pour les jeunes personnes, dirigée par Mlle Eugénie Hautier.

212 dessins d'après la bosse, têtes et bas-reliefs antiques et modernes; — d'après Rembrandt, Watteau, Titien, Le Guide, etc.; — ornements.

Ont signé les élèves : Berthe Matignon, Jane Straiton, Edmie Gérard, Marie Mayer, Jeanne Monduit, Palmyre Tréhard, Marie Carcassonne, Henriette Arthur, Mme de Séjourné, Flavie Bachelet, Emilie Duchomin, Berthe Monduit, Laure Michaut, Ernestine de Longraire, Mathilde Pedorlini, Caroline Lombard, Laure Dumont, Maria et Nelly Régley, Hélène Devy, Jenny l'Empereur, Marie Gaudot, Chérie Malvault, Mathilde Mahut, Beloury, Caroline Tournier, Maria Verdier, Angèle Dubos, Lucy Reinvilliers, Maria Feuillet, Ernestine Lée, Pauline Andrieu, Marthe Bruslon, Amélie Dujardin, P. Bonhomme, Louise Benoît, Jeanne Castelli, Gabrielle Godot, Joséphine Tournier, Louise Dutertre, Esther Fridlender.

170 SALLE 4. — Ville de Paris. X^e arrondissement.

Faubourg Saint-Martin, 72, *Hôtel de la Mairie.*

Ecole municipale subventionnée de dessin pour les jeunes filles, dirigée par Mlle Marie Durand.

120 dessins, figures et bustes d'après l'antique, têtes d'après nature; — ornements, fleurs.

14 peintures, porcelaine et émaux; portrait de Mlle Marie Durand, par son élève Mlle Fanny Laurent, porcelaine.

Ont signé les élèves : Marie Naze, Léopoldine Boisseau, Louise Piatti, Caroline Fabre, Alexandrine Kouniski, Marie Drevet, Fanny Laurent, Marie François, Emma

François, Gabrielle Lebois, Anna Fornistecher, Delphine Gaudez, Marie Specht, Léonie Robin.

171 SALLE 7. — Ville de Paris. XIe arrondissement.

Rue Neuve-Popincourt, 11.

Ecole municipale de dessin pour les jeunes filles, dirigée par Mlle Nélie JACQUEMART.

14 dessins d'après l'antique et d'après nature.

Ont signé les élèves : Pauline Zacharezuk, Marie Mesnil, Louise Pasquet, Marie Simon, Maria Renaudin, Elisa Prêtremont.

172 SALLE 1. — Ville de Paris. XIIe arrondissement.

Rue de Lyon, 65.

Ecole subventionnée de dessin pour les jeunes filles, dirigée par Mme FROIDURE DE PELLEPORT.

16 dessins, têtes, ornements, fleurs.

Ont signé les élèves : Marie Jossye, Hélène Lejay, Uranie Bolomet, Adeline Schneider, Amélie Leblois, Marie Gillot, Mme Elisabeth Spalla Rossa, Isabelle Delalande.

173 SALLE 1. — Ville de Paris. XVIe arrondissement.

Grande rue de Passy, 49.

Ecole subventionnée de dessin pour les jeunes filles, dirigée par Mlle Augusta LE BARON.

28 dessins d'après l'antique, figures d'après Raphaël, fleurs.

Ont signé les élèves : Marie Dufresne, Berthe Massé, Alexandrine Pérard, A. Lebot.

174 SALLE 1. — Ville de Paris. XVIIe arrondissement.

Place de l'Eglise, 11, Batignolles.

Ecole subventionnée de dessin pour les jeunes filles, dirigée par Mme Henriette MALLET.

44 dessins d'après le plâtre et les lithographies, têtes, sujets, ornements, fleurs.

Ont signé les élèves : Louise de Lécluse, Victorine Marchand, Caroline Gluntz, Anaïs Lecourt, Suzanne Gattiff, Mathilde Dubos, Alexandrine R. de Montmain, Eléonore Poitevin, Marie Aloncle, Sophie Brieu, Alphonsine Piau, Blanche Messager, Hélène Castelbou, Blanche de Longpré, Marie Haïg, Olga Russanof, Victorine Remlinger, Marie Ledoux, Aline Lebour.

175 SALLE 7. — Ville de Paris. XVIIIe arrondissement.

Rue Dejean, 2.

Ecole municipale de dessin pour les jeunes filles, dirigée par Mlle Marie CHEVALIER.

11 dessins d'après la bosse, Raphaël, Le Guide; ornements, fleurs.

Ont signé les élèves : Blanche Bacquet, Louise Castagné, Isabelle Costello, Philomène Dufau, Louise Hérigny, Hélène Lucas, Aline Paravey.

176 SALLE 1. — Ville de Paris. XXe arrondissement.

Rue de la Mare, 18, *Belleville*.

Ecole subventionnée de dessin pour les jeunes filles, dirigée par Mme Delphine DE COOL.

19 dessins d'après Raphaël, Corrége et autres: — ornements, fleurs; — 3 éventails; — 3 peintures à l'huile; — 1 peinture sur porcelaine; — 1 camée.

Ont signé les élèves : Eugénie Fortin, Maslieurat, Rochefort, Annette Jauze, Copin, Clémentine Grandélier, Angéline Charbonnier, Noëmie Mary, Joséphine Giron, Marie Napias, Clotilde Guénez, Louise Ulatowska, Léontine Malbaux, Clémentine Combier, Clémence Potier, Robin.

VI

(12 heures par semaine).

ÉCOLES MUNICIPALES DE DESSIN ET DE SCULPTURE POUR LES JEUNES GARÇONS ET LES ADULTES (HOMMES).

PARIS.

177. SALLE 8. — Ville de Paris, IIIe arrondissement. *Rue de Volta*, 37.

Ecole municipale de dessin et de sculpture pour les ouvriers et apprentis, ouverte tous les soirs de 8 à 10 heures.

Directeur, M. LEVASSEUR (Eugène), né à Paris, élève de l'Ecole impériale des Beaux-Arts et de M. MONVOISIN.

Méd. 1862, Londres. — Méd. 1re cl., Beaux-Arts appl., 1863, Paris.

12 dessins d'après nature, figures.

18 dessins d'après nature, fleurs.

30 dessins d'après la bosse, ornements, vases.

39 dessins d'après la bosse, figures, bustes, bas-reliefs.

4 plâtres d'après l'écorché.

6 dessins d'après l'écorché.

25 morceaux de sculpture, terres-cuites et moulages en plâtre.

Ont signé les élèves dessinateurs : Archat, E. et L. Burgat, Deligny, Denis, Demurs, Fuchs, Gilbert, Gibon, Gautier, Houpilliart, Hermant, Kemmerrer, Lelong, Lafon, Morizot, Metzger, Prouteau, Rommel, Roblin, Schmitt, Topart, Tilliart, Turin.

Les élèves sculpteurs : Beaucerf, Berthelot, Caillot, Houlbert, Goser, Lotscher, Biermant, Morizot, Portier, Rivière, Seurette.

178. SALLE 7. — Ville de Paris. X^{e} arrondissement. *Rue des Petits-Hôtels*, 19, ci-devant *rue de Chabrol*, 18.

Ecole municipale de dessin et de sculpture, ouverte tous les soirs, de 8 à 10 heures.

Directeur, M. Lequien fils (Justin), né à Paris, sculpteur, élève de son père.

Méd. d'arg. 1862, Soc. d'Enc. — Méd. 1862, Londres. — Méd. 1re cl., Beaux-Arts appl., 1863, Paris.

42 académies.

36 dessins d'après la bosse, bustes et bas-reliefs.

66 dessins d'ornements de différents styles.

73 dessins de machines et d'architecture.

43 morceaux de sculpture, terres-cuites et plâtres, d'après l'antique, — figures, — compositions, — ornements.

Ont signé les élèves dessinateurs : Apont, Baranton, Bellanger, Duchesne, Emonds, Fontaine, Fournier, Guay, Hildebrand, Solon jeune, Lesaché, Moyse, Béranger, Carrier, Bosmel, Bezian, Cohas, Duranton, Guérin, Naulot, Olivier, Royer, Ribaut, Verrier, Chéruel, Calabre, Guillaumeron, Frébourg, Naud, Pilé, Kozierewski, Prignot.

Les élèves architectes : Courtin, Joseph, Lenaour, Lanney, Roussi.

Les dessinateurs mécaniciens : Chabrux, Eylé, Fournereau, Fontanet, Mathieu, Vermande.

Les élèves sculpteurs : Buzenet, Gilbert, Collet, Dérumeaux, Fugère, Helmuth, Hissemberg, Hutin, Philippe, Solon aîné, Millet, Maunier, Vibert.

VII

ÉCOLES IMPÉRIALES MUNICIPALES DES DÉPARTEMENTS.

179. SALLE 8. — Ville de Laval (Mayenne). Ecole impériale des Beaux-Arts; directeur et professeur, M. Ferret.

4 dessins d'après des bas-reliefs décoratifs du musée Campana.

Ont signé les élèves : Bourdais, Georget, Rozé.

180. SALLE 2. — Ville de Marseille. Ecole des Beaux-Arts, dirigée par M. Jeanron; professeurs, MM. Rave et Rey.

63 dessins dont 6 d'après le modèle vivant, 6 d'après le plâtre (antiques), 6 d'après les modèles gravés et lithographiés, 25 d'ornements, 19 d'architecture.

7 morceaux de sculpture d'après modèle vivant, statue et buste antiques, ornements.

Ont signé les élèves dessinateurs : Devieux, Decarris, Roman, Toussaint, Gautier, Moutte, Costa, Dupont, Lorain, Ricaud, Barbarroux, Moussard, Viguier.

Les élèves architectes : Schmidt, Pangoy, Devieux, Lacrensette.

Les élèves sculpteurs : Conte, Fabre, Turcan, Langier, Legier.

181 **SALLE 3.** — Ville de Saint-Quentin (Aisne). École impériale gratuite de dessin, fondée par Maurice QUENTIN DE LATOUR, dirigée par M. DELIGNE.

59 dessins, dont 4 grands fusains d'après l'écorché, 11 d'après plâtres (antiques), 40 d'après lithographies, 4 copies de portraits au pastel.

Ont signé les élèves : Dufour, Clochez, Butain, Queuin, Patrouillard, Lematte, Delalu, Vinmer, Chennevier.

VIII

(3 à 6 heures par semaine).

ÉCOLES DE DESSIN PRIVÉES.

182. SALLE 8. — Ecole spéciale de dessin, fondée et dirigée, à Lons-le-Saunier (Jura), par M. Ach. BILLOT, ancien pensionnaire du département du Jura à l'Ecole impériale et spéciale des Beaux-Arts.

2 dessins : plan, vue perspective, coupe transversale, coupe longitudinale d'une *table-chevalet* servant au dessin d'art et au dessin linéaire (invention de M. Ach. BILLOT.)

183. SALLE 8. — Cours de dessin pour les jeunes filles, dirigé par mademoiselle Henriette LÉCLUSE, artiste peintre, élève de M. H. SCHEFFER.

Ment. hon. (Beaux-Arts), 1855, Paris. — Méd. 2e cl., Beaux-Arts appl., 1863, Paris.

3 heures, 3 jours par semaine.

Impasse Saint-Louis, 3, *Batignolles*.

57 dessins et peintures : portraits, — copies des modèles lithographiés, — ornements, — Fleurs.

Ont signé les élèves : Angèle Lasnier, Clarysse Rychter, Marie Farcy, Marie Trabaux, Marie Stomphé, Angèle Collas, Célinie Letavernier, Marthe Bouziat, Ernestine Bohme.

184. GALERIE, TRAVÉE 37. — Cours de dessin de M. RAGUET.

Rue de la Fontenelle, 17, Montmartre, Paris.

3 heures par semaine.

11 peintures d'après la bosse et d'après nature : figures, animaux, ornements, fruits, légumes.

Ont signé les élèves : Marie Dellove et Gustave Clabaut.

185. SALLE 3. — Ecole de dessin, de peinture et de modelage, dirigée par M. René ZINC, artiste peintre, professeur, élève de l'Ecole des Beaux-Arts.

Méd. 3e cl., Beaux-Arts appl., 1863, Paris.

Rue Sainte-Elisabeth-du-Temple, 14.

Pour les jeunes filles, trois fois par semaine, de 4 à 6 heures. Pour les jeunes gens, même nombre de jours, de 8 à 10 heures du soir.

Grande-Rue de Batignolles, 49.

Trois jours par semaine, de 8 à 10 heures du soir, pour les jeunes gens.

140 dessins d'après la bosse, figures, ornements, motifs de paysages d'après les modèles publiés, plantes, architecture, machines.

48 morceaux de sculpture.

Ont signé les élèves (femmes) : Constance Banks, Mélanie Descorps, Lucie Dotin, Marguerite Dombrain, Angélina Garnier, Jeanny Haloche, Marie Mayer, Mélina Reynier, Julie Vigneron.

Les élèves (garçons) : Aveline, Bénézit, Berger, Blouet, Bobeuf, Boyer, Carré, Chaline, Cornet, Dangerot, Davy, Dantun (Jules), Dantun (Édouard), Delaveuve, Dumest, Durey, Dusseuil Ferrand, Flamand, Garnier, Guidet, Hermann, Lafunte, Léonard, Laviche, Lobligeois, Mailliard, Nessi, Pottier, Regnier, Rosier, Roussel, Scharff, Tempère, Varanne, Victor, Voisin, Wilhelm.

IX

(3 à 10 heures par semaine).

COURS SPÉCIAUX DE DESSIN PROFESSÉS DANS LES ÉTABLISSEMENTS DES FRÈRES DE L'INSTITUT DES ÉCOLES CHRÉTIENNES.

PARIS

ÉCOLES D'ENFANTS, D'APPRENTIS ET D'ADULTES.

186 SALLE 6. — Ecole d'adultes de la rue de Florence (ci-devant rue Saint-Lazare), dirigée par le père Marius; professeur de dessin, le père Hugiasi.

Méd. 3e cl., Beaux-Arts appl., 1863, Paris.

Age moyen : 16 ans. — 8 heures par semaine.

64 dessins d'après la bosse, figures, ornements, trophées, 1 peinture à l'huile.

13 morceaux modelés.

Ont signé les élèves dessinateurs : Pauly, Gabriel, Delsal, Schammel, Vinet, Lemonier, Frémin, Guernet, Cruzat, Rondel.

Les élèves modeleurs : Alexandre, Moulland, Devienne, Guillaume, Riffard Dagnand.

187 SALLE 5. — Ecole communale de la rue de la Jussienne. Frère ATHANASE, professeur de dessin.

Méd. 2e cl., Beaux-Arts appl., 1863, Paris.

Age moyen : 16 ans. — 8 heures par semaine.

28 dessins : têtes et ornements d'après la bosse, papier teinté, estompe et crayon blanc.

Ont signé les élèves : Thirault, Cordier, Rabut, Juif.

7 études de plantes dont 6 en couleurs, par l'élève Leser.

188 SALLE 5. — Cours d'apprentis de Montrouge (place de la Mairie), dirigé par le frère ROCH; professeur de dessin, le frère AMALBERTIN.

Age : 13-15 ans. — 8 heures par semaine.

150 dessins : têtes, sujets, ornements, tracé géométrique, projections.

Ont signé les élèves : Brard, Gaud, Baillet, Clovis, Perroncel, Pelletier, Mauroge, Couvert.

189 SALLE 5. — Ecole d'adultes de la rue du Rocher, dirigée par le frère MARIUS; professeur de dessin, le frère ANICET.

Age : 15-22 ans. — 8 heures par semaine.

89 dessins : figures, animaux, paysages, ornements, trophées, d'après la bosse et les modèles lithographiés; grille du parc Monceaux, couleur et dorure, architecture.

Ont signé les élèves : Bulot, Roby, Philippe, Delavigne, Catau, Bénard, Delmas, Godard.

190 SALLE 5. — Ecole d'adultes du marché Saint-Martin, dirigée par le frère ANGELUM; professeurs de dessin, les frères ARCADIUS et ANGELMIS.

Méd. 2e cl., Beaux-Arts appl., 1863, Paris.

286 dessins : figures et ornements d'après les plâtres; études de plantes, dessins de bijouterie, organes de machines, charpente, épures de coupe de pierre.

16 morceaux modelés.

Objets exécutés : modèles d'assemblages, de trémies, d'arêtiers, de limons d'escaliers, de parquets.

Ont signé les élèves dessinateurs : Leneuf, Teys, Fauchon, Rigoly, Fresné, Charvot, Monnin, Montluçon, Debru, Diffloth, Knecht, Sabat, Emrick, Remy, Bernier, Loisy, Lemaire, Baudoin, Dantonel, Jacob.

Les élèves modeleurs : Roussel, Joris, Weiss.

191 SALLE 4. — Etablissement de Saint-Nicolas, dirigé par le frère SOUFFROY; professeur de dessin, le frère ARMÉLIEN.

Méd. 2e cl., Beaux-Arts appl. 1863, Paris.

195 dessins : bustes d'après l'antique, figures, sujets, ornements, d'après les modèles lithographiés; géométrie, mécanique, organes de machines, machines, architecture, dessins pour châles.

Quelques panneaux et une crédence en bois sculpté; pendules, candélabres, cadres, jumelles.

Ont signé les élèves : Montorlot, Lesieur, Debron, Bouchin, Caffin, Richerolle, Papion.

Pour les objets exécutés : Lafaugère, Morvillez, Duménil, Albert, Verrier, Hervé, Renaud, Bony, Buffet, Gandon, Leguillon, Cécile, Vidon, Bachelin.

192 SALLE 5. — Cours d'apprentis de la rue d'Argenteuil, dirigé par le frère ALPHONSUS; professeur de dessin, le frère SINTRAN.

Age moyen : 16 ans. — 6 heures par semaine.

63 dessins : têtes, portraits, ornements, d'après nature, les plâtres et les modèles lithographiés.

Ont signé les élèves : Ratton, Parizat, Levasseur, Barret, Bled, Grasin, Gelée.

193 SALLE 5. — Cours d'apprentis de la rue Violet (Grenelle), dirigé par le frère RIOM; professeur de dessin, le frère NIL-MARIE.

Age moyen : 15 ans. — 6 heures par semaine.

37 dessins : sujets, ornements, architecture.

Ont signé les élèves : Angenout, Pradal, Guyot, Lervat, Moréon.

194 SALLE 5. — Cours d'adultes du Gros-Caillou, rue Saint-Dominique-Saint-Germain, 166, dirigé par le frère ANACE ; professeur de dessin, le frère BERTHOUD.

Age : 15-30 ans.

26 dessins : sujets, têtes, ornements, architecture, machines.

Ont signé les élèves : Genois, Bayou, Picard, Lebertonnière, Clément, Charles, Lalouette, Montalun, Sirat, Maurette.

195 SALLE 5. — École d'adultes de la rue Saint-Bernard, dirigée par le frère DAGOBERTUS; professeur de dessin, le frère NATAL.

Age : 16-45 ans.

92 dessins : figures, têtes, ornements, d'après la bosse et les modèles lithographiés ; paysages , architecture.

Ont signé les élèves : Geltzer, Chambellan, Marillier père, Marillier fils, Hérault, Fis, Moret, Witemberger, Grégoire, Lochet, Rosa.

196 GALERIE, TRAVÉE 33. — École communale du Fau-

bourg-Saint-Martin, 159, dirigée par le frère Nicolaus professeur de dessin, le frère Amon.

Age moyen : 13 ans.

39 dessins : paysages, ornements, copies de machines lavées en couleurs d'après les modèles de M. S. Petit.

Ont signé les élèves : Astorgue, Rollin, Buffet, Kien.

197 GALERIE, TRAVÉE 31 — École communale de la rue des Petits-Hôtels (ci-devant rue de Chabrol), dirigée par le frère Nicolaus ; professeur de dessin, le frère Anastase.

Méd. 2e cl., Beaux-Arts appl., 1863, Paris.

Age moyen : 13 ans.

88 dessins : ornements, machines, dont 36 lavés en couleurs d'après les modèles du frère Arcadius.

Ont signé les élèves : Siriex, Prat, Guignery, Michaud, Duborgel, Lafeuille, Arnal.

DÉPARTEMENTS

ÉCOLES D'ENFANTS, D'APPRENTIS ET D'ADULTES.

198 SALLE 6. — École communale de Saint-Omer (Pas-de-Calais), dirigée par le frère Électran ; cours d'adultes, professeurs de dessin, les frères Fulgence et Ebert Fortuné.

Age : 17-28 ans. — 10 heures par semaine.

406 dessins : figures, têtes, études de mains, de pieds, bustes, ornements, paysages, architecture, géométrie pratique, géométrie descriptive, études de coupe de pierres, d'escaliers, d'assemblages, topographie, machines.

19 morceaux de sculpture, têtes, bas-relief, chapiteaux, rosaces.

9 modèles exécutés : escalier, parquet, coupe de pierres.

Ont signé les élèves dessinateurs : Gozé, Sturne, Lemoine, Massein, Daveaux, Hainau, Becquart, Bonden, Delpierre, Delattre, Persyn, Roland.

Les élèves modeleurs : Ansel, Fournier, Lemaire, Gozé, Deré.

Les modèles exécutés sont des élèves, Cadart, Grislin, Donné, Massé, Ducrocq, Becquart.

199 SALLE 1. — Ecole départementale d'architecture de Volvic (Puy-de-Dôme), dirigée par le frère GAMALIEL ; professeur de dessin, le frère GAMALIEL.

Age moyen : 15 ans 1/2. — 10 heures par semaine.

35 dessins d'architecture au trait.

42 modelages ayant, en majeure partie, rapport aux dessins exposés.

Plusieurs sculptures en pierre de Volvic ; candélabres de 2 mètres de hauteur ; deux vases ; buste d'Homère.

Ont signé les élèves dessinateurs : Rétail, Domas, Blanchet, Fargeon.

Les élèves sculpteurs : Faure, Relier.

200 GALERIE, TRAVÉE 26.— Ecole communale d'enfants et d'adultes de Besançon (Doubs), dirigée par le frère JOANNÈS; professeur de dessin, M LUMIÈRE.

Age : 13-37 ans. — 8 heures par semaine.

21 dessins : têtes, paysages, ornements d'après plâtres, Julien, Calame et Carot.

Ont signé les élèves : Ricard, Gulot, Mathieu, Chavot, Chevrier, Annoval, Remond.

1 modelage, par l'élève Mignounat.

201 SALLE 6. — Cours d'apprentis et d'adultes de Metz (Moselle), dirigé par le frère BAUDRAND; professeur de dessin, le frère BAUDRAND.

Age moyen : 17 ans. — 8 heures par semaine.

17 dessins dont plusieurs sont d'une très-grande dimension : l'Apollon du Belvédère, la Descente de croix d'après Rubens, le Strafford d'après P. Delaroche. — Compositions (?) au fusain. — Machines au lavis en couleurs. — Topographie.

Ont signé les élèves : Rondeaux, Boulier, Burlureaux, Fluk, Verton, Vigneul, Petitmangin, Buzy.

202 GALERIE, TRAVÉE 32. — Ecole communale de Rouen (Seine-Inférieure), dirigée par le frère GILLES; professeur de dessin, le frère GÉROMIN.

Age : 13-15 1/2 ans. — 8 heures par semaine.

67 dessins au trait et épures ; 13 de machines, lavis en couleurs.

Ont signé les élèves : Olivier, Gosset, Lemarignier, Gambu, Blin, Duclos, Absire.

203 GALERIE, TRAVÉE 27. — Ecole communale libre de Cambrai (Nord), dirigée par le frère FUSCIEN; professeur de dessin, le frère EPOLONE.

Age : 15-17 ans. — 6 heures par semaine.

26 dessins : ornements, machines, épures de coupe de pierre.

Ont signé les élèves : Carlier, Lecuyer, Prévot, Edmond et Augustin Bouvelle.

204 GALERIE, TRAVÉE 5. — Ecole communale de Hazebrouck (Nord), dirigée par le frère ENGLEMOND; professeur de dessin, le frère EMÉRIUS.

Age : 15-30 ans. — 6 heures par semaine.

36 dessins : têtes et ornements d'après les modèles lithographiés, copies de tableaux synoptiques édités par M. Basset, machines et plans d'usines d'après les modèles de MM. Armingaud et Fouché.

Ont signé les élèves : Henaux, Delorme, Debrock, Theeten, Covoet, Cordein.

205 GALERIE, TRAVÉE 35. — Ecole privée de Nancy (Meurthe), dirigée par le frère Rédempteur ; professeur, M. Pierre.

Age moyen : 16 ans. — 6 heures par semaine.

9 dessins dont 5 de figures et d'ornements au fusain et 4 copies de machines, lavis en couleurs.

Ont signé les élèves : Joudrain, François, Dufourt, Lefort, Pierre, Cauvain.

206 GALERIE, TRAVÉE 34. — Ecole communale de Tamaris (Gard), dirigée par le frère Sérapion ; professeur de dessin, le même.

Age : 14-15 ans. — 6 heures par semaine.

10 dessins d'appareils existant dans les fonderies et forges d'Alais. — 1 dessin d'architecture (Chapelle des frères).

Ont signé les élèves : Bichet, Chazelle, Pongy, Chaîne.

Ecole d'adultes.

Age : 20-39 ans. — 6 heures par semaine.

4 dessins de machines exécutés d'après nature dans l'établissement d'Alais.

Ont signé les élèves : Philot, Peyne, Félix.

207 GALERIE, TRAVÉE 21. — Ecole communale de Montpellier (Hérault), dirigée par le frère Tempier ; professeur de dessin, le frere Ambrosinien.

Age : 14-17 ans. — 5 heures par semaine.

87 dessins au trait : architecture, construction, mécanique.

Ont signé les élèves : Guillaume André, Bertrand, Moreau, Trinquier, Plagnol.

208 GALERIE, TRAVÉES 29 et 30. — Ecole communale de

Sedan (Ardennes), dirigée par le frère ANICETUS; professeur de dessin, le frère ANATOLE.

Age : 13-15 ans. — 4 heures par semaine.

93 dessins : têtes, ornements, fleurs, architecture, machines, d'après les modèles publiés.

Ont signé les élèves : Esser, Sarzacq, Mousset, Emile Guillaume, Cornet, Quinet, Chevriaux, Chemery, Jacquemin.

209 GALERIE, TRAVÉES 49, 50 et 51. — Etablissement de Saint-Bonose à Orléans, dirigé par le frère CLÉMENTIS.

Ecole communale; professeur de dessin, le frère EUTHYME.

Age moyen : 13 ans. — 3 heures par semaine.

63 dessins : architecture, machines.

Ont signé les élèves : Cribier, Clément, Delaubert, Richard, Morand, Thauvin, Léchat, Guiton, Maupâté, Meusnier.

Ecole d'apprentis; professeur de dessin, le frère HADÉLINIEN.

Age moyen : 14 ans. — 6 heures par semaine.

80 dessins : paysages, ornements, architecture, machines.

Ont signé les élèves : Gatelier, Lesage, Brou, Girault, Gillet, Portheau, Dolléans, Choquet, Laureau, Lecomte.

Ecole d'adultes; professeur, M. SWAGERS.

Age moyen : 18 ans. — 8 heures par semaine.

68 dessins : figures, paysages, ornements, d'après la bosse et les modèles lithographiés; machines, copiées au lavis d'après les modèles de MM. Fouché et Tripon.

Ont signé les élèves : Diot, Durand, Blanc, Martineau, Trillon, Denis, Hammon, Varquet.

210 GALERIE, TRAVÉE 4. — Ecole communale d'ap-

prentis et d'adultes de Valenciennes (Nord), dirigée par le frère Elie; professeur de dessin, le frère Eliseus.

Age moyen, 13 et 16 ans. — 3 et 8 heures par semaine.

72 dessins : figures et ornements, copies des modèles lithographiés; — architecture, machines locomotives lavées en couleur, d'après les modèles de M. Stanislas Petit.

Ont signé les élèves : Druesne, Colin, Gigard, Boucly.

211 GALERIE, TRAVÉE 13. — Ecole communale d'Avignon (Vaucluse), dirigée par le frère Exupère; professeur de dessin, le frère Similien.

3 dessins de machines au trait.

Ont signé les élèves : Veran Ninet, Didiée, Grély.

212 GALERIE, TRAVÉE 27. — Ecole communale de Nîmes (Gard).

2 dessins au trait, machine et pont.

Ont signé les élèves : Guillaumet et Auzierre.

213 GALERIE, TRAVÉE 28. — Ecole communale privée de Bolbec (Seine-Inférieure), dirigée par le frère Amabilis; professeur de dessin, le frère Amabilis.

Age, 14-17 ans. — 3 heures par semaine.

23 dessins : sujets, architecture, meubles, machines.

Ont signé les élèves : Léopold et Alphonse Sorieul, Rollet, Canchon, Lesueur, Debeigne.

214 GALERIE, TRAVÉE 25. — Ecole communale de Brioude (Haute-Loire), dirigée par le frère Helloin; professeur de dessin, le frère Gabriel-Marie.

Age, 15-16 ans. — 3 heures par semaine.

10 dessins lavés à l'encre de chine et en couleurs : constructions et machines.

Ont signé les élèves : Sauvoisin, Raynard, Grenier, Desloir, Pialaux, Sabatier.

215 GALERIE, TRAVÉE 20. — Ecole communale de Dieppe (Seine-Inférieure), dirigée par le Frère GAY ; professeur de dessin, le frère ADELPHIN.

Age, 14-17 ans. — 3 heures par semaine.

32 dessins : figures, paysages, ornements, machines, d'après les modèles publiés.

Ont signé les élèves : Bernière, Crescent, Vasselin, Prevost, Sellet, Langlois, Trocaz, Philippe, Bouillé, Devisme.

216 GALERIE, TRAVÉE 3. — Ecole communale de Dunkerque, dirigée par le frère GATIEN ; professeur de dessin, le frère FLEURY.

Age moyen : 13 ans. — 3 heures par semaine.

39 dessins à la plume, à l'aquarelle, au lavis, sujets, épures au trait, lettres polychromes.

217 GALERIE, TRAVÉE 25. — Ecole de la caserne des douanes, au Havre (Seine-Inférieure), dirigée par le frère ARISTIDE; professeur de dessin, le frère ARISTIDE.

Age, 14-16 ans. — 3 heures par semaine.

2 dessins d'ornement au fusain, signé par l'élève Tétrel.

1 vue à vol d'oiseau de la caserne des douanes, signée par l'élève Roger.

218 GALERIE, TRAVÉE 24. — Ecole communale de Louviers (Eure), dirigée par le frère JULES-MARIE ; professeur de dessin, le frère JULES-MARIE.

Age moyen : 14 ans. — 3 heures par semaine.

9 dessins : têtes, ornements, architecture, d'après les modèles de Julien et du frère Arcadius.

A signé l'élève Gosselin.

219 GALERIE, TRAVÉE 13. — Ecole communale de Mantes (Seine-et-Oise), dirigée par le frère GIRARD ; professeur de dessin, le frère GIRARD.

Age : 12-18 ans. — 3 heures par semaine.

4 dessins : tête et ornements : 1 copie de gravure (Saint-Pierre-de-Rome).

Ont signé les élèves : Leger et Delamarre.

220 GALERIE, TRAVÉES 14 et 15. — Ecole communale de Melun (Seine-et-Marne), dirigée par le frère ARCHANGE; professeur, le même frère.

Age moyen : 13 ans. — 3 heures par semaine.

130 dessins, dont 90 extraits des cahiers de dessin des élèves. — Têtes et ornements au fusain et au crayon; locomotives, d'après les modèles de M. S. Petit.

Ont signé les élèves : Fischer, Gerin, Thomas, Bechereau, Ollivier.

221 GALERIE, TRAVÉE 17. — Ecole communale de Mezières (Ardennes), dirigée par le frère BAJULIEN; professeur de dessin, le frère BAJULIEN.

Age : 14-17 ans. — 3 heures par semaine.

13 dessins : architecture et machines, d'après les modèles de M. S. Petit.

Ont signé les élèves : Dapremont, Neveu, Ninin, Corneau.

222 GALERIE, TRAVÉE 13. — École communale de Moulins (Allier), dirigée par le frère ASCLÉPIADE.

Age : 14 ans. — 3 heures par semaine.

4 dessins dont 2 cartes géographiques du département de l'Allier.

Ont signé les élèves : Caillot, Autessier, Robœuf.

223 GALERIE, TRAVÉE 24. — École communale de Nice (Alpes-Maritimes), dirigée par le frère SALUTAIRE; professeur de dessin, le frère ULFINIEN.

Age : 15 — 17 ans. — 3 heures par semaine.

9 dessins : architecture et machines, au trait et au lavis.

Ont signé les élèves : Jaume, Aurelly, Audoli, Dalbero.

224 SALLE 5. — Cours normal de l'Oise (à Beauvais), dirigé par le frère EUGÈNE-MARIE ; professeur de dessin le frère ARTHÈME.

Méd. 3e cl., Beaux-Arts appl., 1863, Paris.

Age moyen : 18 ans. — 3 heures par semaine.

113 dessins : sujets religieux, têtes, ornements d'après la bosse, études de plantes d'après nature, tracé géométrique, projections, instruments de physique, topographie, architecture.

Ont signé les élèves : Louis Martin, Havard, Boursier, Hertaux, Mennesson, Lesage, Belloy.

225 GALERIE, TRAVÉE 24. — École communale d'Orange (Vaucluse), dirigée par le frère HERMON ; professeur de dessin frère SOSTHÉNIUS.

Age : 15 ans. — 3 heures par semaine.

11 dessins : plan topographique d'un château, dessins au trait de machines, copie coloriée d'une locomotive d'après une lithochromie de M. Fouché.

Ont signé les élèves : Roux, Bouche, Devallois, Decohorne.

226 GALERIE, TRAVÉE 14. — École communale de Saint-Amour (Jura), dirigée par le frère PRUDENTIUS ; professeur de dessin, le frère PRUDENTIUS.

Age : 14 ans. — 3 heures par semaine.

23 dessins dont 15 d'architecture et 4 de machines, lavés d'après les modèles de MM. Fouché et Tripon, 2 cartes de géographie.

Ont signé les élèves : Bourgeois, Viauet, Clément, Desbordes, Landry, Chamonal.

227 GALERIE, TRAVÉE 22. — École communale de Saint-Mihiel (Meuse), dirigée par le frère ASTIER ; professeur de dessin, le frère APPIEN.

Age : 13-15 ans. — 3 heures par semaine.

41 dessins dont 6 têtes et ornements au crayon noir; 23 épures de géométrie, 12 d'architecture et de machines.

Ont signé les élèves : Grobert, Leblanc, Renouart, Schwartz, Regnauld, Genvot.

228 GALERIE, TRAVÉES 18 et 19. — Ecole de l'Orphelinat impérial de Versailles (Seine-et-Oise), dirigée par le frère PHOTIUS; professeur de dessin, le frère GERASIMIEN.

Age : 13-15 ans. — 3 heures par semaine.

91 dessins : sujets, ornements au fusain et au crayon noir; architecture, machines, lettres ornées, cartes géographiques, pièces de tapisserie, de menuiserie et de serrurerie; herbier.

Ont signé les élèves : Poncet, Barbier, Duteil, Vallon, Bemelmans, Guittier, Hubert, Royer, Well.

PENSIONNATS DES FRÈRES

A PARIS ET DANS LES DEPARTEMENTS

229 GALERIE, TRAVÉE 2. — Pensionnat de Béziers (Hérault), dirigé par le frère LEUFROY; professeur de dessin, le frère LÉOTHÉRICIEN.

Age moyen : 13 ans. — 3 heures par semaine.

80 dessins : série de feuilles composant un cours de dessin linéaire, tracé géométrique, projections, études d'ombres, perspective. — Architecture, dessin de pont en pierre.

Ont signé les élèves : Andrieux, Planis, Michel, Poitevin, Méric, Bousquet, Boniface.

230 GALERIE, TRAVÉES 6 et 7. — Pensionnat de Clermont-Ferrand (Puy-de Dôme), dirigé par le frère ANNET; professeur de dessin le frère HYACINTHE.

Age moyen : 15 ans. — 4 heures par semaine.

65 dessins : études d'après la bosse et les modèles lithographiés, figures, têtes, ornements. Etudes de charpentes, architecture, machines, topographie.

Ont signé les élèves : Gauthier, Bellet, Scheck, Granet, Brichat, Randane, Quentin, Planche, Vieillard, Demas.

231 GALERIE, TRAVÉES 10, 11 et 12. — Pensionnat de Dijon (Côte-d'Or), dirigé par le frère NAMPHASE; professeur de dessin le frère RAYNUS.

Age moyen : 15 ans. — 4 heures par semaine.

163 dessins : têtes, animaux, paysages, ornements d'après les modèles lithographiés. — Dessins linéaires, tracé géométrique, etc. Architecture, machines, au trait et lavis en couleurs, d'après MM. Fouché, Tripon et le frère Arcadius.

Ont signé les élèves : Naigeon, Gagniant, Sarrazin, Mutin, Hoctin, Philibeaux, Mallet, de Lagrange, Scordel.

232 GALERIE, TRAVÉE 1. — Pensionnat de Dreux (Eure-et-Loir), dirigé par le frère APOLONIS; professeur de dessin, le frère Léon de Jesus.

Age moyen : 14 ans. — 3 heures par semaine.

24 dessins : têtes, chevaux, ornements, d'après les modèles lithographiés. — Etudes de perspective; architecture, machines.

Ont signé les élèves : Rocque, Munier, Labbé, Flèche, Denard.

233 GALERIE, TRAVÉE 23. — Demi-pensionnat de Lille (Nord), dirigé par le frère ELEUTHÉRIUS; professeur de dessin, le frère F. ESACIEN.

Age moyen : 14 ans. — 4 heures par semaine.

39 dessins : machines au trait et au lavis.

Ont signé les élèves : Druez, Gardenne, Delettré, Six, Avouse, Bouty, Lemaire.

234 SALLE 9. — Demi-pensionnat de la rue des Francs-Bourgeois, 10, au Marais (Paris); professeur de dessin, le frère ABEL.

Age moyen : 15 ans. — 6 heures par semaine.

60 dessins : architecture, charpente, machines, projections, tracé des ombres, etc.

Ont signé les élèves : E. Marie, Remont, Dorigny, Francezon, Ruchère, Fontaine, Huguenin, Fleury, Papillon, Goyon, Leroux, Fargier, Mercier, Adde, Droit, Borgniet.

235 GALERIE, TRAVÉE 13. — Pensionnat de Marseille (Bouches-du-Rhône), dirigé par le frère TRIVIER; professeur de dessin, le frère SÉVOLDUS.

5 dessins : têtes et ornements d'après les modèles lithographiés; carte de géographie.

Ont signé les élèves : Rouquette, Blanc, Pailleux, Benedetti.

236 SALLE 5. — Pensionnat de Passy, dirigé par le frère LIBANOS; professeurs de dessin, les frères ATHANASE et AUBIN.

Méd. 2e cl., Beaux-Arts appl., 1863, Paris.

168 dessins : têtes, ornements divers d'après la bosse; plantes d'après nature; études de coupe de pierre, de projections et de perspective; études d'ombres ; architecture; plans, élévations et coupes du pensionnat des frères de Passy.

Ont signé les élèves : Collis, Messieux, Condamy, Vasseur, Jandelle, Leroy, Barlattier, Lebrun, Storez,

Godefroy, Avisse, Merard, Tchimel, Petit, Verdin, Camproger, Deshuilliers, Chaponel, Astier, Laboureur, Jeannin.

237 GALERIE, TRAVÉE 13. — Pensionnat de Rodez (Aveyron), dirigé par le frère INNOCENT; professeur de dessin, le frère IDINAEL de Jésus.

Age moyen : 14 ans. — 3 heures par semaine.

33 dessins : tête, ornement, architecture, topographie de la ville de Rodez, géométrie descriptive, tracé des courbes, organes de machines, machines d'après les modèles du frère Arcadius.

Ont signé les élèves : Chauchard, Malet, Cougeulle, Fonvieille.

238 GALERIE, TRAVÉES 8 et 9. — Pensionnat de Saint-Omer (Pas-de-Calais), dirigé par le frère FIDÈLE; professeurs de dessin, les frères EUGÈNE et EMÉRIS.

Age moyen : 14 ans. — 4 heures par semaine.

90 dessins : têtes, études de mains, pieds; ornements; plantes au fusain et au crayon d'après les modèles lithographiés; tracé géométrique, architecture, machines, d'après MM. Armengaud, Tripon, Arcadius.

Ont signé les élèves : Beaussart, Boutroy, Leclercq, Vandelanotte, Mouton, Griffon, Ernest et Alfred Podevin, Lavoye, Bourel, Lefèvre, Duchatel.

239 SALLE 9. — ECOLE PRÉPARATOIRE AU NOVICIAT DES FRÈRES, dirigée par le frère PIERRE-CÉLESTIN; professeur de dessin, le frère PIERRE-CÉLESTIN.

Méd 2e cl., Beaux-Arts appl., 1863, Paris.

310 dessins dont 86 d'ornements divers; le reste, tracé des ombres, projections, épures de combles, d'escaliers; études de coupe de pierre, de charpente; organes de machines et machines au trait, au lavis, et

en couleurs. — Système de cuisine à vapeur. Gare des chemins de fer de l'Ouest.

18 modèles de coupe de pierre, en nature, correspondant aux épures mentionnées ci-dessus.

Ont signé les élèves : Brugnon, Deschamps, Bachelard, Richard, Sauze, Sibert, Tourtebatte.

SUPPLÉMENT

AU

CATALOGUE

SUPPLÉMENT AU CATALOGUE

DES ŒUVRES ET DES PRODUITS MODERNES

I

ART APPLIQUÉ A LA DÉCORATION DE L'HABITATION

326 BING jeune (ALFRED), exportateur.
Rue Richer, 41.
Modèle d'une maison, imitation de pierre.

327 CHENU (ALFRED), artiste peintre.
Atelier de peintures polychromes pour la décoration des édifices religieux.

Rue du Thabourg, 39, (à Orléans, Loiret).

Trois projets de décoration pour les murailles de la chapelle Saint-Pierre, église de Cognac, (Charente.)
Fonds baptismaux. ibid.

328 CHETON (ALFRED), maître de forge et marchand de fer.

A Louviciennes.

Grille et pont en fer rustique, breveté s. g. d. g.

329 ELMERICH (CHARLES-ÉDOUARD), artiste peintre et sculpteur, né à Besançon.

Quai de la Tournelle, 37.

Ulysse tendant son arc, bas-relief, plâtre.

330 GIANOTTI (JOSEPH), fabricant de stores.

Rue du Faubourg Saint-Honoré, 139.

Stores.

331 LE FORESTIER (PAUL), artiste peintre.

Rue Magenta, 12, Auteuil.

Peinture monumentale.

332 LIPPMANN, SCHNECKENBURGER et Cie, sculpteurs-ornemanistes.

Méd. 1862, Londres. — Méd. 3e cl., Beaux-Arts appl., 1863, Paris.

Rue des Fossés-Saint-Germain-l'Auxerrois, 24.

Nymphe à la chèvre, d'après Julien.	Imitation de pierre.
Deux danseuses, d'après Canova.	id.
Amour à l'Arc, d'après Clodion.	id.
Sainte-Hélène.	id.
La Renommée.	id.
Vierge immaculée	id.
Ange adorateur.	Imitation de marbre blanc veiné.
Piédestal.	Imitation de granit d'Égypte.
id.	Imitation de brèche jaune.
Deux colonnes	Imitation de griotte rouge.

Modèle en plâtre d'un des chapitaux exécutés pour le palais du Sénat de Lisbonne.

333 PROUHA (Pierre-Bernard), sculpteur, né au Born (Haute-Garonne), élève de Toussaint et de M. A. Dumont.

Rue Fontaine-Saint-Georges, 19 bis.

L'Éducation, peinture sur terre cuite, recherches des procédés antiques.

334 RAFFL, sculpteur.

Rue Bonaparte, 59.

Statues religieuses polychromes.

335 REVILLON (Jean-Baptiste), sculpteur, né à Paris, élève de Jean Feuchères.

Méd. 1re cl. Art ind., 1861, Paris.

Rue de Malte, 13.

Lesbie, statue, plâtre.

336 SAGOT (Charles), professeur au collége de Saint-Sauveur.

A Redon (Ile-et-Vilaine).

Application nouvelle de la géométrie au dessin d'ornement.

Dessins particulièrement destinés au dallage des églises et autres monuments, et susceptibles d'être exécutés par les procédés du moulage.

337 SOLON (Julien-François), sculpteur.

Rue Petrelle, 30.

Sculptures en terre-cuite, carton-pierre et émaux.

338 STORDEUR (Joseph), peintre-décorateur.

Rue Montparnasse, 56.

Enfant-Jésus, velours factice appliqué aux peintures décoratives, nouveau système, breveté s.g.d.g.

339 **THABARD** (Adolphe), sculpteur, né à Limoges, élève de Duret.

Rue de Ménilmontant, 115.

Couronnement de la cheminée du cercle de l'Union, à Limoges, plâtre.

340 **WATTIER** (Charles-Emile), artiste peintre décorateur, né à Paris, élève de Gros.

Rue de Furstemberg, 8.

Le triomphe de Vénus, esquisse peinte.
Deux dessins.

III

ART APPLIQUÉ AU MOBILIER

341 DRAPIER (ANTOINE-ALPHONSE), sculpteur-ébéniste.

Rue du Faubourg Saint-Antoine, 21.

Armoire à glace, Louis XVI, amaranthe et violette.
Armoire, bois noir poli avec gravures, genre grec.
Bibliothèque Louis XVI, en ébène, avec moulures en cuivre uni doré et bronzes.
Modèle de fauteuil Louis XVI, hêtre.
Id. Louis XV.

342 ELIAERS (AUGUSTE), fabricant de meubles.

Rue du Harlay, 5.

Chaise pliante.

343 RACAULT, successeur de Krieger, fabricant d'ébénisterie.

Rue du Faubourg Saint-Antoine.

Meubles.

IV

ART APPLIQUÉ AUX MÉTAUX USUELS

344 DUPLAN ET SALLES, fabricants de bronzes.
Rue de Bondy, 32.
Bronzes d'art.

345 LÉON ET ROY, fabricants de bronzes.
Rue Saint-Denis, 243.
Bronzes, brevetés.

346 MERCIER, fabricant de bronzes d'art et d'ameublement.
Rue Vieille-du-Temple, 110.
Jules César, statuette, d'après M. Carrier-Belleuse, bronze.

347 PINÉDO fils, (EMILE), fabricant de bronzes.
Boulevard du Prince-Eugène, 18.
Buste, bronze.
Buste, terre cuite.

348 SUSSE frères, fabricants de bronzes d'art.
Place de la Bourse, 31.
Aigle saisissant un isard, plâtre par Fratin.

V

ART APPLIQUÉ AUX MÉTAUX ET AUX MATIÈRES DE PRIX

349 HORCHOLLE (ARTHUR), graveur.
Rue de la Tour, 56, *Passy*.
Ivoires gravés.

350 MOULIN ET VILLEMINOT, statuaires-ornemanistes.
Rue de Vaugirard, 136.
Modèle d'un milieu de table, dessin.

351 WIESE (LÉOPOLD), orfévre.
Rue de Richelieu, 86.
Modèles d'orfévrerie, plâtre.

VI

ART APPLIQUÉ A LA CÉRAMIQUE ET A LA VERRERIE

352 BERNARD (Léon), céramiste.

Rue du Télégraphe, 11, Passy.

Faïences d'art.

353 DELON (Mme Josephine), artiste peintre, élève de MM. Léon Cogniet, Paul Flandrin et de Mlle Marie Durant.

Boulevard Pigale, 20.

Agar chassée, peinture sur porcelaine d'après Van Dyck.

Sainte famille, dite Vierge au lapin, id. d'après le Titien.

Tête de Christ, id. d'après M. Naudin.

VII

ART APPLIQUÉ AUX ÉTOFFES DE VÊTEMENTS ET D'USAGE DOMESTIQUE

---

354 DURET (Maxime), fabricant de mouchoirs brodés.
Boulevard de Sébastopol, 97.
Mouchoirs pur fil brodés à la main.

355 HUSSONMOREL (Mme Armand).
Rue de Saint-Pétersbourg, 14.
Dentelles de couleurs, de Giberville, brevetées s.g.d.g.

356 LARDIN (Alexandre-Gabriel), dessinateur pour l'industrie.
Rue Marchande, 57, *à Montreuil-sous-bois* (*Seine*).
Dessin de robes plumetis.

VIII

ART APPLIQUÉ AUX ARTICLES DIVERS.

---

357 BAIL jeune (Louis-Claude), carrossier.
Avenue d'Eylau, 39.
Voiture dite duchesse.

358 BINET (François), ébéniste, fabricant de nécessaires.
Rue du Faubourg Saint-Denis, 16.
Caves à liqueurs.

359 Frédureau et H. de Chavannes, ingénieurs.
Faubourg-Poissonnière, 58, et *rue de Choiseuil*, 5.
Sonnerie électrique de sûreté à courant permanent.

360 TAVEAUX (Louis-Gabriel), fabricant de bois d'éventails.
Rue de l'Échiquier, 18 ; *fabrique à Sainte-Geneviève (Oise)*.
Cannes, ombrelles, éventails.

361 TRUCHELUT, dessinateur et peintre héraldique.
Armoiries.

362 VICART et BAUDONNAT, carrossiers.
Champs-Élysées, 53.
Voitures diverses.

IX

ART APPLIQUÉ A L'ENSEIGNEMENT ET A LA VULGARISATION

---

363 CADART et LUQUET, éditeurs-gérants de la société des aqua-fortistes.

Rue de Richelieu, 79.

Peintures, gravures, lithographies, marbres, terrescuites.

364 DESPAQUIS (Pierre-Auguste), photographe.

Boulevard des Capucines, 39.

Épreuves protographiques au charbon.

365 DISDERI et Cie, photographes.

Boulevard des Italiens, 4.

Épreuve de photo-peinture : reproduction sur toile, par procédé spécial, et au quart de la grandeur, du tableau original de M. Victor de Jonquières : *Vive l'Empereur! Aux Tuileries!*

366 FRANCK, photographe.

Rue Vivienne, 18.

Épreuves photographiques d'après les œuvres et les produits présentement exposés dans la nef et au premier étage du Palais de l'Industrie.

367 GRANDFILS (LAURIN), sculpteur.

Route de Versailles, 26 *bis*.

Enfant couché, statue, marbre.

Buste, plâtre.

368 HUAUX (LOUIS).

A Constantine (*Algérie*).

Panorama de Constantine, photographie.

369 IMBAULT (PAUL), parcheminier.

Rue Saint-Bon, 5.

Impressions sur peau de velin et sur parchemin naturel.
Impressions sur parchemin factice, dit végétal, pour actions, mandats et papiers de commerce.

370 MARIE (JEAN), lithographe.

Rue du Faubourg-Saint-Denis, 61.

Épreuves photo-lithographiques.

371 MASSE (VICTOR-HIPPOLYTE), artiste peintre et dessinateur en relief.

Rue des Martyrs, 18.

Reliefs et peintures sur épreuves photographiques.

372 NOBLET et BAUDRY, libraires-éditeurs.

Méd. 2e cl., Beaux-Arts appl., 1863, Paris. — Méd. vermeil, 1864, Bayonne.

Cinq planches de *Le temple de Jérusalem*, par M. le comte Melchior de Vogüé.

373 OLESZCZYNSKI (Antoni), dessinateur-graveur.

Rue Saint-Jacques, 187.

Copernic, gravure.
Jean Zamoyski, id.

374 VALENTIN (Henri-Augustin), dessinateur et graveur, né à Yvetot (Seine-Inférieure), élève de David d'Angers et de Rude.

Boulevard Richard-Lenoir, 24.

Pastels et gravures à l'eau forte.

RÈGLEMENT

ET

COMPOSITION DU JURY

DES RÉCOMPENSES.

UNION CENTRALE

BEAUX-ARTS APPLIQUÉS A L'INDUSTRIE

EXPOSITION DE 1865.

Règlement du Jury des récompenses.

Art. 1er. L'examen, l'appréciation et le jugement des œuvres exposées sont confiés à deux jurys spéciaux nommés par le comité d'organisation de l'*Union centrale des Beaux-Arts* appliqués à l'industrie.

Art. 2. De ces deux jurys, le premier aura à juger les trois premiers groupes de la classification adoptée pour l'Exposition de 1865 (1).

Savoir :

1er groupe : toutes les œuvres d'art composées en vue de la reproduction industrielle ;

2e groupe : les productions des industries d'art ;

3e groupe : les modèles et les produits envoyés par les artistes et les industriels qui ont pris part aux divers concours fondés par l'*Union centrale*.

(1) Page 108 de l'introduction au catalogue.

Du deuxième jury relèvera le quatrième groupe, savoir : les travaux des élèves de toutes les écoles de dessin de Paris et des départements.

Art. 3. Chacun des deux jurys spéciaux aura un président nommé par le comité d'organisation, et nommera lui-même, à la majorité absolue des voix, un vice-président et deux secrétaires.

Art. 4. Dans le cas où aucun des membres n'obtiendrait la majorité absolue, le sort prononcera entre les deux membres qui réuniraient le plus de voix.

Art. 5. Le premier jury est divisé en six sections qui auront à juger :

La première, la classe I, ou l'art appliqué à la décoration de l'habitation ;

La seconde, les classes II et VII, ou l'art appliqué à la tenture de l'habitation et aux étoffes de vêtement et d'usage domestique ;

La troisième, la classe III, ou l'art appliqué au mobilier ;

La quatrième, les classes IV et V, ou l'art appliqué aux métaux usuels et aux métaux précieux ;

La cinquième, la classe VI, ou l'art appliqué à la céramique et à la verrerie.

La sixième, la classe IX, ou l'art appliqué à l'enseignement et à la vulgarisation.

Chacune de ces six sections du premier jury nommera, à la majorité absolue des voix, un de ses membres pour former une septième section chargée de se prononcer sur les œuvres et les produits contenus dans la classe VIII, celle de l'art appliqué aux articles divers.

Art. 6. Chacune des sections du jury, y compris la septième, nommera son président, son vice-président et son rapporteur.

Art. 7. Chacune des sections, la septième exceptée, nommera en outre deux délégués choisis dans son sein pour être adjoints au jury des écoles.

Lesdits délégués auront voix délibérative dans les deux jurys.

Art 8. Le président de chaque section du jury, et, en son absence, le vice-président aura voix prépondérante en cas de partage.

Art. 9. Chaque section du jury s'adjoindra, à titre d'experts, un ou plusieurs membres du conseil manufacturier des industries d'art dans les classes correspondantes aux sections du jury des récompenses. Les experts appelés au sein de chaque section ont seulement voix consultative.

Art. 10. Les membres des jurys des récompenses, aussi bien que les experts appelés par eux, ne prendront part à aucun concours, s'ils sont eux-mêmes exposants.

Art. 11. Outre la somme de 7,800 fr., mise à la disposition du jury pour les concours ouverts par l'*Union centrale*, seront encore distribués des grands prix d'honneur en or, des récompenses de 1re classe en argent, de 2e classe en bronze, et des mentions honorables.

Art. 12. Le jury des récompenses, dans son examen des œuvres et des produits, aura à examiner avant tout la pensée, la forme, la couleur, l'art, en un mot, de l'objet soumis à son appréciation. Les autres questions dont il pourra avoir à s'occuper ne seront que secondaires.

Art. 13. Les grands prix d'honneur en or ne seront accordés qu'après une révision faite par un conseil composé des présidents et vice-présidents des sept sections du jury.

Chacune des sept sections du jury, réunie en assemblée générale, se prononcera, en dernier ressort, sur les propositions des récompenses de 1re et de 2e classe, ainsi que sur celles des mentions honorables que ses membres pourront lui faire.

Art. 14. Aussitôt après leur formation, les deux jurys se

réuniront, sous la présidence du doyen d'âge des présidents ou des vice-présidents présents, pour juger ensemble les concours avec primes en numéraire, ainsi que les concours des écoles de dessin.

Art. 15. Les jugements portés sur les concours avec primes en numéraire seront appuyés sur un rapport motivé.

Art. 16. Le jury procédera ensuite à l'ouverture des lettres cachetées, et les noms des lauréats seront inscrits sur leurs œuvres, ainsi que la mention des récompenses. Ceux des autres concurrents ne seront indiqués que sur leur demande.

Art. 17. Tout concurrent qui n'aura pas rempli les conditions prescrites par le règlement et par les programmes spéciaux sera mis hors de concours.

DU JURY DES ÉCOLES.

(Extrait du règlement.)

Art. 18. Des récompenses seront distribuées aux ouvrages les plus méritants désignés par le jury. Elles pourront être décernées, tant aux institutions comme jugement d'ensemble, qu'à ceux des élèves qui se seront distingués d'une façon particulièrement remarquable.

Art. 19. Des récompenses en argent, en bronze, et des mentions honorables seront mises à la disposition du jury des écoles. Néanmoins le jury pourra accorder un grand prix d'honneur en or à l'établissement qui, par l'ensemble de son exposition, se sera distingué entre tous.

Art. 20. Le jury des écoles fera concourir ensemble, autant qu'il lui sera possible, les établissements similaires et dont le nombre d'heures employées à l'étude du dessin sera à peu près égal.

Art. 21. Dans le cas où le jury des écoles jugerait à propos de se fractionner, les propositions de récompenses seraient faites par chacune des sections et soumises à la révision de l'assemblée générale dudit jury.

Art. 22. Un rapport général sera fait, à propos de l'exposition des écoles, sur l'état actuel de l'enseignement des arts du dessin en France, et sur les améliorations qu'il serait à désirer qu'on apportât à cet enseignement.

Le président de l'Union centrale,

E. GUICHARD.

Le secrétaire,

ERN. LEFÉBURE.

En conséquence du règlement qui précède, le jury, dans sa première seance, qui a eu lieu jeudi 5 octobre, s'est constitué, et chacune de ses sections a nommé son président et son vice-président. Voici sa composition :

JURY DES RÉCOMPENSES.

Président. M. A. de Longpérier, membre de l'Institut.

Vice-président. M. Barye, sculpteur statuaire.

Secrétaires. MM. Ph. Burty, rédacteur au journal *la Presse*; P. Mantz, rédacteur à *la Gazette des Beaux-Arts*.

1re SECTION.

Classe 1. — *Art appliqué à la décoration de l'habitation.*

Président. M. Charles Blanc, ancien directeur des Beaux-Arts.

Vice-président. M. Davioud, architecte de la ville de Paris.

MM. Ch. Garnier, rédacteur à la *Gazette de France*.
Gérome, peintre d'histoire.
Hippolyte Henry, dessinateur.
Mathurin Moreau, sculpteur statuaire.

JURY ADJOINT AVEC VOIX CONSULTATIVE.

MM. Biès, président de la chambre syndicale de la sculpture.
Lainé, président de la chambre syndicale des fondeurs.
Langlois, président de la chambre syndicale des marbriers.
Derville, vice-président de la chambre syndicale des marbriers.

2e SECTION.

Classe 2. — *Art appliqué à la tenture de l'habitation, et* classe 7, *art appliqué aux étoffes de vêtements et d'usage domestique.*

Président, M. Williamson, administrateur du mobilier de la couronne.

Vice-président. M. Th. Delamarre, rédacteur au journal la *Patrie.*

MM. Burette, peintre décorateur.
Mantz (Paul).
Jacquemart (Jules), graveur.
Riester (Martin), dessinateur graveur.

JURY ADJOINT AVEC VOIX CONSULTATIVE.

MM. Havard, président de la chambre syndicale des papiers peints.
Pacon, vice-président de la chambre syndicale des papiers peints.
Spiquel, président de la chambre syndicale de la passementerie.

MM. PARIOT-LAURENT, vice-président de la chambre syndicale de la passementerie.
VIOLARD, président de la chambre syndicale des industries diverses.
GUÉRIN, vice-président de la chambre syndicale des industries diverses.

3e SECTION.

Classe 3. — *Art appliqué au mobilier.*

Président. — M. DUSOMMERARD, directeur du musée de Cluny.

Vice-président. M. Auguste LUCHET, rédacteur au journal *le Siècle*.

MM. AUBERT (Francis), rédacteur au journal *le Pays*.
LE BÉGUE, architecte.
BLONDEL, architecte.
DELANGE (Carle), graveur.
KASTNER, membre de l'Institut.

JURY ADJOINT AVEC VOIX CONSULTATIVE.

MM. GROHÉ, président de la chambre syndicale de l'ameublement.
LEMOINE, vice-président de la chambre syndicale de l'ameublement.
GAUTROT, vice-président de la chambre syndicale des instruments de musique.
PICAREL, président de la chambre syndicale des doreurs sur bois.

4e SECTION.

Classe 4. — *Art appliqué aux métaux usuels, et* classe 5, *art appliqué aux métaux et aux matières de prix.*

Président : M. Barye.

Vice-Président : M. Albert Barre, graveur général des monnaies.

MM. Chesneau, rédacteur au journal *le Constitutionnel.*
Choiselat, sculpteur statuaire.
Salmon, sculpteur statuaire.
Burty (Ph.).
Pinel (E.).

JURY ADJOINT AVEC VOIX CONSULTATIVE.

MM. Duron, président de la chambre syndicale de la bijouterie.
Rosier, vice-président de la chambre syndicale d'éclairage et chauffage.
Figaret, secrétaire de la chambre syndicale des fabricants de bronzes.
Froment-Maurice, orfévre-joaillier-bijoutier.

5e SECTION.

Classe 6. — *Art appliqué à la céramique et à la verrerie.*

Président : M. Albert Jacquemart.

Vice-Président : M. Ch. Brouty, architecte.

MM. Chamfleury, homme de lettres.
Merson (Olivier), rédacteur au journal *l'Opinion nationale.*
Salin (Patrice).
Texier (Edmond), rédacteur au journal *le Siècle.*

JURY ADJOINT AVEC VOIX CONSULTATIVE.

MM. Grundeler, président de la chambre syndicale de la céramique.

MM. SURLOPP, vice-président de la chambre syndicale de la céramique.
GILLE, membre de la chambre syndicale de la céramique.

6e SECTION.

Classe 7. — *Art appliqué à l'enseignement et à la vulgarisation.*

Président. M. CHALONS-D'ARGÉ, archiviste au ministère de la Maison de l'Empereur et des Beaux-Arts.

Vice-président. M. E. ROUSSEAU, chimiste.

MM. GUILLAUMOT, graveur.
MANGUIN, architecte.
TRIANON (Henri), rédacteur au journal *la Liberté.*

JURY ADJOINT AVEC VOIX CONSULTATIVE.

M. BERTHAUD, président de la chambre syndicale de la photographie.

7e SECTION.

Classe 8. — *Art appliqué aux articles divers.*

MM. GARNIER (Ch.).
J. JACQUEMART.
KASTNER.
MANGUIN.
MERSON (Ol.).
PINEL.

JURY ADJOINT AVEC VOIX CONSULTATIVE.

M. PERROT-PETIT, vice-président de la chambre syndicale des fleurs.

MM. Deshayes, membre de la chambre syndicale des fleurs.

Cliver aîné, président de la chambre syndicale de la tabletterie.

Barbier, vice-président de la chambre syndicale de la tabletterie.

Desouches, président de la chambre syndicale de la carrosserie.

Nau fils, vice-président de la chambre syndicale de la carrosserie.

Crosnier, président de la chambre syndicale du caoutchouc.

Galibert, vice-président de la chambre syndicale du caoutchouc.

JURY DES ECOLES.

MM. Dalloz (Paul), directeur du *Moniteur universel*, président.

Guillaume, sculpteur statuaire, membre de l'Institut, vice-président.

Aubert (Francis), secrétaire.

De Baylen, id.

Barrias, peintre d'histoire.

Carrier-Belleuse, sculpteur statuaire.

Clément (Charles), rédacteur au *Journal des Débats*.

Galichon, directeur de la *Gazette des Beaux-Arts*.

Gonelle, dessinateur pour cachemires.

Klagmann, sculpteur statuaire.

Leharivel-Durocher, sculpteur statuaire.

Liénard, sculpteur ornemaniste.

Lièvre (Ed.), dessinateur graveur.

Louvrier de Lajolais, artiste peintre.

MM. Millet (Aimé), sculpteur statuaire.
Montbrison (Georges de).
Mornay (marquis de).
Parent (Henri), architecte.
Renaud (Ed.), architecte.
Rogués, ancien secrétaire de la commission impériale de l'Exposition universelle de 1862.

DÉLÉGUÉS POUR LE JURY DES ÉCOLES.

1re SECTION.

MM. Blanc (Ch.), Davioud.

2e SECTION.

MM. Riester, Delamarre.

3e SECTION.

MM. Blondel, Aubert (Francis).

4e SECTION.

MM. Chesneau (Ernest), Choiselat.

5e SECTION.

MM. Champfleury, Brouty.

6e SECTION.

MM. Chalons d'Argé, Rousseau (Em.).

TABLE GÉNÉRALE

DES

ÉCOLES DE DESSIN

AVEC

INDICATION DE LEUR NUMÉRO D'ORDRE.

LYCÉES IMPÉRIAUX DE

COLLÈGES DE

ÉCOLES NORMALES PRIMAIRES DE

INSTITUTIONS LAÏQUES PRIVÉES, PENSIONNATS ET EXTERNATS.

ÉCOLES PROFESSIONNELLES ET PRÉPARATOIRES.

COURS DE DESSIN ET DE MODELAGE

DES ÉCOLES LAÏQUES MUNICIPALES ET COMMUNALES

DE GARÇONS

PROFESSÉS DANS LES VILLES DE :

ÉCOLES MUNICIPALES DE DESSIN ET COURS SPÉCIAUX SUBVENTIONNES, PROFESSÉS A PARIS POUR LES JEUNES FILLES ET LES ADULTES (FEMMES).

ÉCOLES MUNICIPALES DE DESSIN ET DE SCULPTURE POUR LES JEUNES GARÇONS ET LES ADULTES (HOMMES).

ÉCOLES IMPÉRIALES MUNICIPALES DE DESSIN ET DE SCULPTURE DE

ÉCOLES DE DESSIN PRIVÉES.

COURS DE DESSIN
DES ÉCOLES COMMUNALES ET LIBRES
DIRIGÉES PAR LES FRÈRES.

DANS LES DÉPARTEMENTS :

TABLE ALPHABÉTIQUE

DES

NOMS DES EXPOSANTS

INSCRITS AU SUPPLÉMENT

AVEC INDICATION DE LEUR NUMÉRO D'ORDRE.

CATALOGUE

DES LIVRES FAISANT PARTIE DU FONDS

DE LA

LIBRAIRIE CENTRALE

24, BOULEVARD DES ITALIENS, 24.

JULIEN LEMER

Éditeur du Catalogue de l'Exposition des Beaux-Arts appliqués à l'industrie en 1865.

L'ALGÉRIE CONTEMPORAINE, par VIAN. 1 vol. grand in-18 jésus.................................. 3 »

L'AMOUR BOSSU, par HENRY DE KOCK. 1 vol. grand in-18 jésus, orné d'une eau-forte par L. FLAMENG.. 3 »

L'AN 5865, ou *Paris dans quatre mille ans*, par le docteur H. METTAIS. 1 vol. grand in-18 jésus......

L'ANE DE JULES CÉSAR, par JEAN BRUNO. 1 vol. in-32.

L'ANNUAIRE DE LA CHARITE, contenant un précis de l'histoire et du règlement de tous les établissements de bienfaisance et des Sociétés de secours de Paris, et plus de six mille noms et adresses des fondateurs, administrateurs et sociétaires, par M. ED. KNOEPFLIN. 1 vol. gr. in-18 jésus.. .... 3 »

L'ANTI-PAPE ET L'ANTI-GUIZOT, protestation de l'esprit moderne contre l'Encyclique et contre les Méditations de M. Guizot, par un solitaire de Montmartre. 1 vol. in-8.......................... 3 »

L'ART DE LA BEAUTÉ, par Lola Montès. 1 vol. gr. in-18 jésus, orné du portrait de l'auteur, photographié par Franck.......................... 2 »

AVEZ-VOUS BESOIN D'ARGENT? par Pierre Véron, 1 vol. grand in-18 jésus.......................... 3 »

LES BIENFAITEURS DES PAUVRES AU XIXe SIÈCLE, par Ed. Knoepflin, contenant une nomenclature des dons et legs faits aux pauvres de Paris depuis 1804 jusqu'à 1862. 1 vol. in-8....... 8 »

BIVOUACS DE VERA-CRUZ A MEXICO, par un Zouave. 1 vol. grand in-18 jésus, précédé d'une préface, par Aurélien Scholl.......................... 3 »

Ce volume, écrit par un des plus braves et des plus nobles officiers de l'armée d'expédition, contient un récit saisissant de vérité de la récente campagne de l'armée française au Mexique.

LA BOUGIE ROSE, par Ch. Joliet. 1 vol. grand in-18 jésus.......................... 1 50

LES BUVEURS D'ABSINTHE, par Octave Féré et Jules Cauvin. 1 vol. gr. in-18 jésus.......................... 3 »

LA CAMARILLA SCIENTIFIQUE, lettre à M. Leverrier, par Ch. Emmanuel. 1 vol. in-8.......................... 1 25

CAMPAGNES ET STATIONS SUR LES COTES DE L'AMÉRIQUE DU NORD, par E. du Hailly. 1 vol. grand in-18 jésus.......................... 3 »

Ce volume, composé d'études publiées dans la *Revue*

des Deux Mondes, est l'œuvre d'un jeune officier de la marine française, qui est en même temps un écrivain distingué et a vu de près les pays qu'il décrit, les hommes qu'il apprécie, les choses qu'il raconte.

LES CÉLÉBRITÉS DE LA RUE, par CH. YRIARTE. 1 vol. in-8, illustré de nombreuses gravures (*nouvelle édition*).. 6 »

CE QUE L'ON DIT PENDANT UNE CONTREDANSE, par CH. NARREY. 1 joli volume in-18, orné de gravures sur bois.. 2 »

LES CHASSES SAUVAGES DE L'INDE, récits pleins d'intérêt et de vérité, par GERMAIN DE LAGNY. 1 vol. gr. in-18 jésus (2e *édition*)........................ 3 »

LES COMÉDIENNES ADORÉES, par ÉMILE GABORIAU; études anecdotiques sur les artistes françaises les plus célèbres. 1 vol. gr. in-18 jésus, orné d'un portrait de SOPHIE ARNOULD, gravé sur acier.......... 3 »

COMMENT AIMENT LES FEMMES, par VALERY VERNIER. 1 vol. gr. in-18 jésus, orné d'une vignette à deux teintes (2e *édition*)........................... 3 »

CONTES DE FÉES du *Magasin des enfants*, de madame LEPRINCE DE BEAUMONT, illustrés par GAVARNI et précédés d'une préface de Méry. 1 beau vol. gr. in-8, grav. à part sur papier de Chine, br......... 10 »
— Belle reliure demi-chagrin, tranches dorées...... 14 »

CONTES ET CHRONIQUES DES EAUX ET DES BAINS DE MER, par JULES CAUVAIN. 1 vol. gr. in-18 jésus. 2 »

LES COTILLONS CÉLÈBRES, par ÉMILE GABORIAU; études historiques, satiriques et anecdotiques sur les maîtresses des rois de France, depuis les époques légendaires jusqu'à la fin du règne de Louis XV. 2 volumes gr. in-18 jésus, ornés de deux portraits gravés sur acier (4e *édition*)............ 6 »

L'immense succès obtenu par ce livre, qui met énergiquement en relief l'influence de la galanterie sur les destinées de la monarchie en France, le classe au nombre des ouvrages dignes de figurer dans toutes les bibliothèques historiques.

DU COURTAGE, par CERFBEER DE MEDELSHEIM. 1 vol. in-8.................................. 2 »

LES COUSINES DE SATAN, par JULES DE SAINT-FÉLIX. 1 vol. gr. in-18 jésus (2e *édition*)................ 3 »

DE LA COMPAGNIE DU MIDI, discours prononcé au Corps législatif, par ÉMILE OLLIVIER. Broch. in-8.... 50

DE LA DÉCADENCE DE LA FRANC-MAÇONNERIE EN FRANCE et des moyens d'y remédier, par G. MABRU. 1 vol. gr. in-18 jésus.......................... 3 »

DE LA REPRÉSENTATION NATIONALE, par J. GUADET. 1 vol. gr. in-18 jésus.......................... 3 »

DE L'INUTILITÉ D'UN CONGRÈS DANS LA QUESTION POLONAISE. Broch. in-8................. » 50

LES DRAMES DU MARIAGE, par BERY GASTINEAU. 1 vol. gr. in-18 jésus.......................... 2 »

UN DRAME ÉLECTORAL, par L. M. GAGNEUR. 1 vol. gr. in-18 jésus.................................. 3 »

L'ÉCOLE DES LOUPS, par OCTAVE FÉRÉ et JULES COUVIN. 1 fort volume gr. in-18 jésus........... 3 »

L'ÉGLISE UNIE A L'ÉTAT, revue d'antiques, par ACHILLE DELORME. 1 vol. in-8............... 5 »

EPHÉMÉRIDES POLONAISES, histoire jour par jour de la dernière guerre de l'indépendance. 3 vol. gr. in-18; chaque vol. vendu séparément............ 1 50

L'ÉTÉ D'UN FANTAISISTE, coméd.-vaudev. en un acte, par Ed. Brisebarre. 1 vol. gr. in-18 jésus... 1 »

LA FAMILLE HASARD, par Pierre Vèron. 1 vol. gr. in-18 jésus.................................. 3 »

LES FAUCHEURS POLONAIS, par Henri Augu. 1 vol. gr. in-18 jésus................................ 1 »

UNE FEMME DE CŒUR, par Aug. Marc Bayeux. 1 fort vol. gr. in-18 jésus (2e *édition*)................ 3 »

UNE FEMME DU MONDE, par Semenow. 1 vol. grand in-18 jésus (2e *édition*)........................ 3 »

UNE FEMME HORS LIGNE, par L. M. Gagneur. 1 vol. grand in-18 jésus.............................. 3 »

LA GAMME DES AMOURS, par Oscar Comettant. 1 v. gr. in-18 jésus .... 3 »

LA GIBECIÈRE D'UN BRACONNIER, récits de chasse et de chasseurs, par Germain de Lagny. 1 vol. gr. in-18 jésus................................. 3 »

LES GRANDES AMOUREUSES AU COUVENT, par Lannau-Rolland; études anecdotiques sur les héroïnes repenties de la galanterie. 1 vol. gr. in-18 jésus, orné d'un beau portrait gravé sur acier..... 3 »

GRANDVILLE DANS LES ÉTOILES, publié par Nicolas Grandville, de l'Académie de Bienfusen et de Brobdingnac, chevalier de l'Ordre des Papefigues, grand Cordon de l'Ordre des Altérés. 1 beau vol. in-8°... 3 50

L'HOMME AU DRAP MORTUAIRE ou les *Paroles d'un maudit*, par l'abbé A***; protestation éloquente contre le célibat des prêtres. 1 vol. in-16............ 1 »

IAMBES D'AUJOURD'HUI, par HIPPOLYTE PHILIBERT. 1 vol. gr. in-18 jésus........................ 3 »

IMPOT SUR LES VOITURES ET CHEVAUX, questions résolues par CHAUVEAU (ADOLPHE). Broch. in-8.... 1 50

IMPRESSIONS ET PENSÉES, par GODDET. 1 vol. gr. in-18 jésus................................ 2 »

LA JEUNESSE AMOUREUSE, par J. DUBOYS. 1 vol. gr. in-18.................................. 3 »

LA JEUNESSE DE JÉSUS, par KIRCHEN. 1 vol. in-8.. 5 »

LA LÉGENDE DE L'HOMME ÉTERNEL, par A. DURANTIN. 1 vol. gr. in-18.................... 3 »

LETTRES D'AMOUR DE MIRABEAU ET DE SOPHIE MONNIER, précédées d'une notice par M. MARIO PROTH, et accompagnées d'un beau portrait de Sophie, gravé sur acier d'après un dessin du temps. 1 vol. gr. in-18 jésus. (Nouvelle édition.)......... 3 »

LINCOLN, sa naissance, sa vie, sa mort, avec un récit de la guerre d'Amérique, par ACH. ARNAUD. 1 vol. grand in-8, illustré de 20 belles gravures... 1 50

UNE LUCRÈCE DE CE TEMPS-CI, par VALERY VERNIER. 1 vol. gr. in-18......................... 3 »

MAISON AMOUR et Cie, par PIERRE VÉRON. 1 vol. gr. in-18 jésus (3e *édition*)...................... 3 »

LES MARIAGES DE PROVINCE, par J. DUBOYS. 1 vol. gr. in-18 jésus............................ 3 »

LE MARIAGE DU VICAIRE, par PIERRE LEFRANC. 1 vol. gr. in-18 .... 3 »

LES MAUVAIS COTÉS DE LA VIE, par AUGUSTE LUCHET. 1 vol. gr. in-18 .... 3 »

MÉMOIRES D'UN CHASSEUR DE RENARDS (scènes de la vie anglaise), par A. DE VAUBICOURT. 1 vol. grand in-18 .... 3 »

MÉMOIRES D'UN VALET DE CHAMBRE AUX CHEVEUX ROUX, par MAURICE. 1 vol. in-32 .... 1 »

MEMOIRES SUR BÉRANGER, par SAVINIEN LAPOINTE. 1 vol. in-8 sur papier de Hollande, orné d'une photographie de BÉRANGER 3

MERYEM, scènes de la vie algérienne, par CAMILLE PÉRIER. 1 vol. gr. in-18 .... 3 »

MES CHASSES DANS LES DEUX MONDES, par HENRY GAILLARD. 1 vol. gr. in-18 .... 3 »

MONSIEUR PERSONNE, par PIERRE VÉRON. 1 vol. gr. in-18 jésus .... 3 »

LA MORT DE JÉSUS, tradition essénienne, traduite de l'allemand par DANIEL RAMÉE (4e *édition*, revue et corrigée). 1 vol. in-8 .... 5 »

Cet ouvrage excessivement curieux a eu plus de quinze éditions en Allemagne et s'est vendu à plus de 100,000 exemplaires.

LES MORTS VIOLENTES, par EUGÈNE GRU. 1 fort vol. gr. in-18 jésus .... 3 »

LE NID, com. en 1 acte, par G. BONDON, 1 vol. gr. in-18 jésus .... 1 »

L'ŒIL NOIR ET L'ŒIL BLEU DE MADEMOISELLE DIANE, par LÉON GOZLAN. 1 vol. gr. in-18 jésus... 3

LES OISEAUX DE CLICHY, par JULES DE SAINT-FÉLIX. 1 vol. gr. in-18 jésus.......................... 3 »

ORGANISATION SOCIALE DE LA RUSSIE, par M. le comte ALFRED DE COURTOIS. 1 vol. in-8........... 5 »

Cet ouvrage, dans lequel la situation et l'influence sociale de chacune des classes qui composent la nation russe, — la noblesse, la bourgeoisie, le peuple, — sont étudiées et appréciées avec une sincérité et une finesse d'aperçus très-remarquables, est l'œuvre d'un diplomate distingué qui a passé plusieurs années en Russie. Les critiques les plus compétents ont, dans le *Journal des Débats*, le *Siècle*, l'*Opinion nationale*, la *Presse*, la *Gazette de France*, etc., consacré à ce volume important des articles qui le classent parmi les meilleurs livres de ce temps-ci.

OU EST LA FEMME? par AD. DUPEUTY. 1 vol. grand in-18 jésus, précédé d'une préface, par JULES NORIAC 3 »

Ce joli volume, écrit avec un humour, une verve satirique, tout à fait dignes d'être patronnés par l'auteur de la *Bêtise humaine*, contient cinq études, dans lesquelles le talent de l'auteur se montre sous ses divers aspects : 1° **L'Intérieur de l'Opéra**, étude observée sur nature pendant que l'auteur remplissait les fonctions de secrétaire particulier; — 2° **La Poste restante**; — 3° **Venise il y a huit jours**; — 4° **Les Maximes de la rue La Rochefoucault**; — 5° **Le Fils de Mademoiselle**, roman plein d'intérêt et de mouvement.

LE PALAIS DE SAINT-CLOUD. Histoire anecdotique et description pittoresque des appartements, écrite d'après l'ordre de l'Empereur, par MM. PHILIPPE DE SAINT-ALBIN, bibliothécaire de S. M. l'Impératrice, et ARMAND DURANTIN. 1 vol. in-8................. 6 »

Cet ouvrage, honoré de la souscription des bibliothèques des châteaux impériaux, contient un récit de tous les faits historiques qui ont eu pour théâtre un appartement quelconque du Palais de Saint-Cloud. C'est l'histoire pour ainsi dire officielle de cette résidence impériale. Un plan très-détaillé du Palais a été dressé spécialement pour ce livre; il est joint au volume.

— Le même ouvrage, format in-18 jésus, également accompagné du plan..... .... 3 »

LES PARIAS DE L'AMOUR, par C. A. DAMEZEUIL. 1 v. gr. in-18 jésus.......................... 2 »

PARIS AU GAZ, par JULIEN LEMER. 1 vol. gr. in-18. 3

PARIS PARTOUT, par NÉRÉE DESARBRES, 1 vol. gr. in-18 jésus.......................... 2 »

PARIS PORT DE MER, par ARISTIDE DUMONT et LOUIS RICHARD. Brochure accompagnée d'une carte...... 1 »

LE PAVÉ DE PARIS, par PIERRE VÉRON. 1 vol. gr. in-18 jésus (2e édition).......................... 3 »

LES PETITES COMÉDIES DE L'AMOUR, par mademoiselle LÉONIDE LEBLANC, 1 vol. gr. in-18 jésus, accompagné d'un autographe de l'auteur......... 3 »

LES PETITES COMÉDIES DE L'AMOUR, opérette en 1 acte, par MM. DUTERTRE et LEMONNIER, musique de M. A. DE GROOT, 1 vol. gr. in-18 jésus......... 1 »

LES PETITS-FILS DE TARTUFE, par HONORÉ PONTIN. 1 vol. gr. in-18 jésus.......................... 3 »

LES PLAIES LÉGALES, par ALEX. LAYA, 1 vol. in-8.. 5 »

POESIES de GUÉRIN DE LITTEAU. 2 beaux vol. in-18; chaque volume séparément.......................... 5 »

POÉSIES PARISIENNES, par EMMANUEL DESESSARTS. 1 v. grand in-18 jésus.......................... 3 »

PROCÈS DE M. DE NOÉ CONTRE M. DE VILLEMESSANT; compte rendu complet des débats, contenant *in extenso* les interrogatoires, les dépositions, les plaidoiries et les répliques de Mes JULES FAVRE, LACHAUD, FRÉDÉRIC THOMAS, MAURICE JOLY. 1 volume grand in-18 jésus.......................... 2 »

LES PROSCRITS DE SICILE, par EMMANUEL GONZALÈS, 1 vol. gr. in-18 jésus.......................... 3 »

LA PUDEUR, par PAUL PERRET, 1 vol. gr. in-18 jésus 3 »

LES QUATRE COINS DE PARIS, par LEO LESPÈS (Timothée Trimm). 1 vol. gr. in-18 jésus (2e *édition*).......................... 3 »

LA QUESTION DES BANQUES, à l'Académie des sciences morales et politiques. — Opinions de MM. MICHEL CHEVALIER, DUMAS, PASSY, DELAVERGNE, etc., etc., 1 vol. in-8°.......................... 1 »

RADICALISME RUSSE ET RADICALISME FRANÇAIS EN POLOGNE, par A. DE MOLLER. Broch. gr. in-8°. 1 »

LA RÉGENCE GALANTE, par AUGUSTIN CHALLAMEL. Histoire anecdotique et satirique de la Régence, écrite d'après les émoires et les manuscrits du temps. 1 vol. gr. in-18, orné d'un beau portrait de la duchesse du Maine, gravé sur acier.......... 3 »

DES RÉVOLUTIONS DU MEXIQUE, par GABRIEL FERRY. 1 vol. gr. in-18 jésus, précédé d'une préface, par GEORGE SAND.......................... 3 »

Dans ce livre curieux, l'auteur du *Coureur des bois* a raconté l'histoire si animée, si pleine de mouvement et d'intérêt des évolutions qui se sont produites dans ce beau pays depuis le commencement de la guerre de l'indépendance jusqu'à nos jours.

RIMES FRANCHES, poésies, par Louis Guibert. 1 vol. gr. in-18 jésus........................ 2 »

LES ROIS D'AUJOURD'HUI, par Camille Foucault. 1 vol. gr. in-18 jésus........................ 2 »

LE ROI VICTOR-EMMANUEL, par Ch. de la Varenne. 1 vol. gr. in-18 jésus, orné d'un beau portrait du roi d'Italie, photographié par Carjat............ 3 50

Ce volume contient une étude développée et complète sur le caractère de Victor-Emmanuel, considéré tour à tour comme homme d'Etat, comme homme de guerre et comme écrivain.

LE ROMAN DE LA FEMME A BARBE, par Pierre Véron. 1 vol. gr. in-18 (3e *édition*)............... 3 »

LE ROMAN DU MARI, par Amédée Achard. 1 vol. gr. in-18 jésus (2e *édition*).................... 2 »

ROMANS ENFANTINS, par Paul Féval. 1 vol. grand in-8° jésus, illustré de gravures sur bois et orné de 13 eaux-fortes de L. Flameng et d'un beau portrait de l'auteur, photographié par Franck, broché..... 15 »

— Reliure demi-chagrin........................ 20 »

RUSES D'AMOUR, par Émile Gaboriau. 1 v. gr. in-18 jésus, orné d'une vignette gravée sur acier....... 3 »

UN SECRET DE JEUNE FILLE, par Ange de Kéraniou, 1 vol. gr. in-18 jésus........................ 2 »

SEPT ANS A L'OPERA, souvenirs anecdotiques d'un secrétaire particulier, par Nérée Desarbres. 1 joli volume in-18, orné de nombreuses vignettes...... 3 »

SOUS LES TROPIQUES, par Paul Dhormoys. 1 vol. gr. in-18 jésus.............................. 3 »

SOUVENIRS D'UN MÉDECIN DE PARIS, par le docteur Mettais. 1 vol. gr. in-18 jésus................. 3 »

Rien de plus dramatique, de plus saisissant que ces récits empreints d'un caractère de réalité très-marqué et pris pour ainsi dire sur le fait dans l'exercice de la profession de médecin à Paris).

SPAHIS ET TURCOS, par Florian Pharaon. 1 vol. gr. in-18 jésus.............................. 3 »

LES TABLEAUX VIVANTS, par Léo Lespès (Timothée Trimm). 1 vol. gr. in-18 jésus................ 3 »

LE TREIZIÈME HUSSARDS, par Émile Gaboriau. 1 v. gr. in-18 jésus (12e *édition*)................... 3 »

LE TROUPIER TEL QU'IL EST..... A CHEVAL, études militaires d'après nature, par Dubois de Gennes. 1 vol. gr. in-18 jésus.............................. 3 »

LA VACHE ENRAGÉE, pièce en 3 actes et 8 tableaux, par Ed. Brisebarre. Brochure in-8°............ » 50

LA VALLÉE DE LA LAHN, par Emile Solié. 1 volume gr. in-18 jésus.............................. 3 »

LA VIE DE THÉATRE.— *Grandes et petites aventures* de mademoiselle Montansier, esquisses, anecdotes. — *Le Théâtre à Bade*, par Victor Couailhac. 1 vol. gr. in-18 jésus.............................. 3 »

Paris. — Typ. Walder, rue Bonaparte 44.

www.ingramcontent.com/pod-product-compliance
Ingram Content Group UK Ltd.
Pitfield, Milton Keynes, MK11 3LW, UK
UKHW022113260726
13993UKWH00001B/494

9 782329 545097